如何說，如何聽

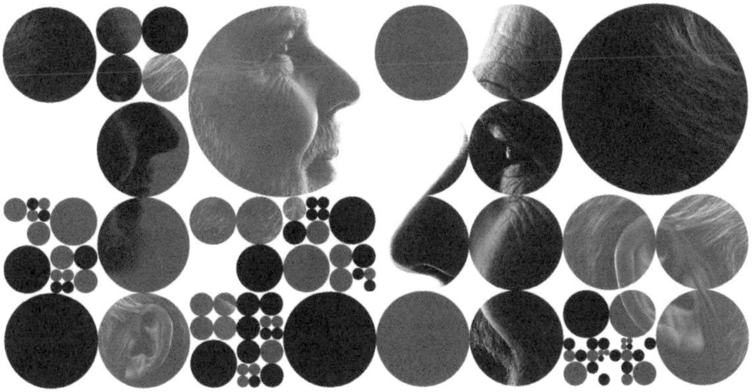

How to speak

How to listen

Mortimer J. Adler

莫提默·艾德勒——著

譯——吳芠

獻給

小亞瑟·霍頓（Arthur A. Houghton, Jr.）

他熱愛話語偶爾中斷的優質對話

【目錄】

【導讀推薦一】

學好聽與說，建構一個理性的社會

——苑舉正（國立臺灣大學哲學系教授）

《如何說，如何聽》的作者莫提默．艾德勒，是有名的古典哲學家、教育改革者，也是《大英百科全書》的主編。在本書中，他有一個遠大的企圖，想彌補現代教育最大的缺失：不教演說與聆聽。

現代教育強調學生學習系統知識，並且透過方法，讓學生有效地練習這些知識。在學習的過程中，現代教育的核心是閱讀與寫作，而有關學生應該如何演說，如何聆聽，則根本不是現代教育中所關心的。作者以一九四〇年出版《如何閱讀一本書》的經驗，發現演說與聆聽不但可以教與學，而且是人與人社交的基礎。於是，在四十三年後，也就是一九八三年，他出版本書。

作者認為，現代教育不關心演說與聆聽的態度，不但是缺憾，也違反了西方學術傳統。現代教育不訓練學生演說與聆聽的能力，主要是認為這是個人的能力，而不是訓練的物件。然而，這是錯誤的，因為許多反應極快、能說善道的人，更需要學習演說，而不僅只是流於談天說笑的階段。這也是為什麼，本書中的「說」，是Speak，不是Talk；它們的區別，是用心說理與隨意聊聊的差別。

在西洋學術傳統中，演說與聆聽的能力，原來是學習的核心。在古希臘傳統中，說與聽所形成的對話，一直是公認學習的主要方式。那時，說與聽的學習構成了一門很根本的學問，稱為「修辭學」，而所有重要的哲學家，包含蘇格拉底、柏拉圖、亞里斯多德、奧里略、奧古斯丁等等，他們的哲學，都以對話為主，而學習對話的學問，就是修辭學。

在西方的傳統中，修辭學是一種能夠改變認知的說話技巧。但是，在現代教育中，這門學問卻遭到忽略，原因是現代教育以追求真理為主，而雄辯滔滔的人，往往只為了說服他人或是教育聽眾而運用修辭，卻與真理沒有必然關係。作者的想法與此剛好相反，因為他認為，演說與聆聽的能力太重要了；它們是人際關係最直接、最明顯與最親密的互動。因此，作者認為，現代教育應該進行適當的改革，把這兩項技能列入教學的內容中。

我非常認同本書的內容。在幾十年的教學生涯中，我經常在思考如何把課教好的問題。我如何在與學生對話的時候，確保學生知道我說的內容？在學術會議中，我如何讓在座的人能在數十分鐘內，理解我的理念？總而言之，我在教書的過程中，慢慢認識到，口才的訓練是我最應該注意的事情。其實，不只是教書上課，所有人都應該嚴格地訓練口才。

本書作者的心思與我日常生活中的反省，是如此的契合。他認為，演說不單是華麗的修辭，更是一種運用口語的表述方式。演說有說服性的，也有教育性的，但無論演說的目的是為了要讓別人信服，或是要教育聽者，其最核心的觀念莫過於讓聽者能夠從想聽，進一步到愛聽，到最後完全聽懂了演說者的內容。

本書很具體的告訴我們，演說者除了在準備的內容中要有清楚的目標、核心理念、預期達到的效果以及進行討論之外，還要能夠符合品德的要求（ethos）、情感的發揮（pathos），以及論理的清晰（logos）這三點。這三點使得聽眾能相信演說者的道德情操，進而體會他的情感訴求，最終掌握他的論理結構。這三點正是所有想要學習演說的人，應該在準備演說之前，想清楚後，反復練習的功課。

接著，作者指出，想要學習演說的前提，必須先學會聆聽。聆聽在作者的理解中，是心靈的活動。作為聆聽者，我們用心靈聆聽演說者的內容，直接感受演說者如何在運用品德、情感與論理的原則下，企圖吸引聽眾仔細聆聽演說的內容。當一個聆聽者，感受出演說者有備而來時，他要以邊寫邊聽的方式，將演說的內容記錄下來，目的是充分掌握演說內容，以及作為演說後進一步討論的基礎。

演說與聆聽的結合，目的是為了展開對話。作者提出四種對話型態：社交對話、私人談心、具有啟發性的教育對話，以及實用性對話。前兩種是我們滋潤生活的實踐，而後兩種則是我們學習的物件。教育性的對話啟發我們學習的動因，讓我們因此而獲得新的知識。實用性的對話則在行動層面上，讓我們充分感受言行合一的實用效果。整體而言，對話結合了演說與聆聽，也是使人樂在其中的過程。

在本書的結論中，作者講了一個很重要的理念，說明學會說與聽的重要性。他認為，懂得如何說與如何聽的人比較文明，遇到爭端時會用言語較量，而不會暴力相向。這是一個非常崇高的目標，足以彰顯社會中的理性力量。畢竟，人類文明的發展，需要走向以理服人的方向，無須採用以力示威的老路。在這兩者之間，我們需要用理服人，還是以力示威，文明程度高下立判，而這個差距，正是作者寫此書的終極目標。

我向國人誠摯地推薦本書，並且希望大家在閱讀本書的過程中，能夠發現演說與聆聽的能力不但可以訓練，也是所有人都應當下功夫擁有的能力。

【導讀推薦二】

說與聽，思想影響力與社會交往力的關鍵

——游梓翔（世新大學副校長、口語傳播系教授）

艾德勒教授是美國著名的哲學家與教育家，著作等身。他生於一九〇二年，在二〇〇一年過世，生涯橫跨幾乎整個二十世紀，對學術界和教育界影響深遠。除了由他擔任主編的《大英百科全書》，艾德勒教授一生眾多著作中最有名的一本，無疑是寫於一九四〇年的《如何閱讀一本書》。他教導讀者透過閱讀的原則和技巧，來掌握作者的思想精髓，他也相信，閱讀能力是實現培養人文底蘊與思想深度的「博雅教育」中的關鍵能力。

《如何閱讀一本書》寫於艾德勒教授的壯年時期，根據他的說法，寫完《如何閱讀一本書》後，他更想寫的另一本書，是要處理比讀和寫更根本，更是「博雅教育」核心的兩項能力——說話能力與聆聽能力。艾德勒教授認為說與聽的能力在教育界得到的關注不夠。但作為一個人，一個有思想影響力的人、一個有社會交往力的人，培養說與聽

的能力至關重要。

也就是因為說和聽這兩種看似「日常」的活動，其實比我們認為的難上很多。艾德勒教授心中的這本著作，又花上了四十三年才完成。一九八三年，各位手上的這本《如何說，如何聽》首度出版，立刻成為經典。當時已經年過八旬的艾德勒教授，把他一生的思想智慧結晶融在書中，書中教導我們關於說話及聆聽的原則與方法，極具啟發性與實用性。

說與聽與我們更常在學校被教導的讀和寫非常不同，一項關鍵是艾德勒教授說的「讀與寫通常獨自進行，相反地，聽與說一律發生在社交情境，絕無其他可能」。這些差異使得我們自小學習的閱讀與寫作技巧，對於改善說話與聆聽效果非常有限。

三十五年以後再讀這本書，環境已經與當年非常不同。溝通、演說、交談、口才這類題目早已受到社會的廣泛重視，佔據了書店的重要位置。但市面上琳琅滿目的書籍中，多數教的是一些小技巧或是小訣竅，和《如何說，如何聽》相比，往往少掉了對語言和聆聽在知識思想分享與社會共識行程中關鍵角色的體認，相較之下難免顯得機械與膚淺。

說話和聽話能力和人作為一個人的自我認識與社會關係是分不開的，說與聽是對話的基礎，而對話以及透過對話達成的「交心」，就是人之所以為人的關鍵，這是艾德勒教授反覆強調的重點。不過艾德勒教授也告訴我們，很多人因為不懂說也不懂聽，讓這個「交心」無法達成。少了這樣的「心靈相會」，我們就失去了獲得良好關係和緊密社群的機會，這是非常可惜的。

套用艾德勒教授的話——「重點不在於人類是唯一一種會和同類溝通的動物。所有社會性動物都會以某種形式溝通。重點在於溝通的種類。人類以雙向談話溝通，可以達到心靈相會、共享對事物的理解與思想，還有感受與期盼。」人能溝通，動物也能溝通，但人類的「心靈相會」能力到達了動物無法企及的境界，學會此種說與聽的能力是人類的根本，也是人類的責任。

如果你想和一位充滿哲思魅力的智者學習如何發表演講，包括影響他人行動的說服性演說，改變他人思想的教育性演說；如果你想學習如何聆聽，包括掌握對方思想的關鍵要素以及善用作筆記的能力；如果你想學習如何和人非正式對話，減少雙方的誤解，或是透過正式的對話討論來提升學習的效果，這本《如何說，如何聽》都是你不能不讀的經典。

第一部

前言

第一章　沒有人教過的技巧

人類溝通的過程涉及聽說讀寫四種行為，然而相較於「讀與寫」，「聽與說」除了不受傳統教育及文化的重視，學習起來也困難許多。「讀與寫」就像繪畫和雕塑，成品具有一種恆久性，可以反覆琢磨；而「聽與說」則如同一場表演藝術，當下完成，轉瞬即逝。

1

你通常會用什麼方式去接觸他人的心靈？而對方又該如何做，才能回應你的付出？這種接觸，有時是透過哭泣、臉部表情、姿勢或其他肢體發出的訊號，但絕大多數端賴語言的運用——一方以書寫和說話來表達，一方則以閱讀和聆聽來接收。

這四種運用語言的方式可分為兩組來理解，書寫和閱讀一組，說話和聆聽歸另一組。同組成員顯然是互補的：寫出來的內容若不被閱讀就徒勞無功，而說話如果沒有對象聆聽，則無異於靜默無聲。

大家都知道，有些人比他人更擅於寫作，這些人可能才華洋溢，或受到充分的寫作訓練而擁有絕佳的技巧。但是即便某些文字出自最富於寫作技巧的人，一旦落入不具閱讀技巧的讀者手中，再好的文字也會失去效益。因此，我們都明白閱讀能力需要訓練，我們也得承認，有些人的閱讀技巧勝過他人。

說話與聆聽也是同樣的道理。有些人天生能言善道，但還是必須透過訓練才能發揮天賦。同樣地，一個人若不具備聆聽的天賦，勢必得藉由後天的訓練來補強技巧。

人類心靈交流的過程便涉及上述四種行為，每一種行為都需要不同技能來達到成效。然而，你曾在學校學過多少與此相關的技巧？你的孩子又曾獲得哪些教導？

你的第一反應大概是：你接受過閱讀和寫作的教育，你的孩子也是。不過你也許會馬上補充，你不認為你們受的訓練已經達到應有的水準，但至少在小學階段，學校提供了閱讀與寫作的基本指導。

除了小學教育，人們在中學、甚至大學時期仍然持續接受寫作訓練，但針對「閱讀」的教學卻很少超越小學階段。然而，閱讀的教育應該要一直延續下去，因為小學程度的閱讀技巧完全不足以讓人理解大部分值得閱讀的書籍內容。我在本書出版前的四十年，撰寫了《如何閱讀一本書》（*How to Read a Book*）一書，就是為了介紹「閱讀」這門藝術，提供讀者遠超過小學階段的指引——也就是中小學和大學時代沒有教授的內容。

那麼，關於「說」的教育呢？我懷疑有人有印象在小學接收寫作和閱讀教育的同時，也有針對「說話」的教學。除了某些中學或大學設有名為「公開演說」的課程，以及為了協助語言障礙者所提供的教學，一般學校教育並未包含說話藝術的教學。

至於「聽」？有誰在哪兒教過你如何聆聽嗎？說來令人訝異，人們多半以為「聆聽」是一種本能，不需要訓練；因而我們的教育體系並未投入心力幫助學生學習聆聽——至少要能聽懂話語的全貌，使語言成為有效的溝通工具。

上述情況令人不解，因為事實上，說與聽這兩種不受重視的技巧，遠比寫與讀來得更難教導，學習上更是困難許多。關於這點，請容我在後文說明原因。

人們總是感嘆中小學生（甚至大學生）的讀寫程度明顯低落，但鮮少正視學生在說與聽方面的技能不足。況且，無論這些接受了十二年教育的學生讀寫水準多麼低落，多數人的說話技巧遠比讀寫更差，聽的能力則是四種技能中最差的一種。

2

在古騰堡及印刷機興起前的年代，說與聽在教育中的份量遠大於讀及寫。這是理所當然的，因為那年頭沒有印刷成冊的書籍，只有極少數的人擁有手抄書，但凡有機會接受教育者，不管是透過個別的教師，或在古代的學院或中世紀的大學裡學習，都只能倚賴「聆聽」老師所說的內容來學習。

在中世紀的大學裡，由「講授者」（lecturer）擔任教師，但「講授」（lecture）一詞在當時的意義與現今截然不同。那個年代，老師是唯一持有手抄本書籍的人，書中收錄傳授給學生的知識，以及對知識的理解。「講授」一詞的字源顯示，這個行為包含朗讀文本，以及對文本發表評論。無論怎樣的內容，學生們都得透過聆聽來學習，聆聽能力越好，就學得越好。

在牛津、劍橋、巴黎、帕多瓦和科隆等歷史悠久的中世紀大學，基本教育牽涉到技藝訓練，或古人稱之為「博雅教育」的訓練。在這些訓練中，有些目的在教人掌握語言，有些則教人掌握數學運算及符號。

柏拉圖和亞里斯多德認為，若要有效將語言運用於聽說讀寫，就必須學習文法、修辭與邏輯，這種想法被中世紀的大學所沿襲。此後，為了學習測量、計算與估計，就必須理解算術、幾何、音樂和天文學的技藝。

中世紀學生得精通上述「七藝」才能獲得學士的文憑。稱他們為「學士」（bachelor），並非指他們是未婚男性①，而是指他們在學習領域獲得啟蒙，可以進入大學繼續更高層次的學習，包括法律、醫學或神學。

「學士」學位是一種通過門檻的證書、通往高階領域的護照。擁有學位並不表示擁有了高深的知識，只代表懂得學習的技能，也就是運用語言及符號的技能，而成為一名合格的學習者。

今日多數人使用「博雅教育」一詞或提到這個概念時，對博雅教育的背景毫無所悉，也不知道博雅教育在古代和中世紀教育中的角色在今日看來，只是屬於基礎教育。

原因之一是，博雅教育在現代教育中幾乎消失殆盡。

只要考察十八世紀美國學校的課程，就會發現其中包羅了文法、修辭和邏輯的教

①譯注：學士的原文 bachelor 有「單身漢」之意。

學，那些當時仍被視為運用語言（也就是寫作、說話和閱讀）的技能。到了十九世紀末，文法課程被保留下來，但修辭和邏輯不再屬於基礎教育的範疇。直到二十世紀，雖然還見得到文法教育的痕跡，但比重已大幅縮減。

日後英文教學取代了博雅教育，成為公認的基礎教育，初級的閱讀及作文改由「英文老師」來負責。不幸的是，作文教學通常更強調「創意寫作」，而非如何以寫作傳遞想法、概念或對事物的理解。有些學生會尋求關於「演說」的特別指導，但那些課程完全無法讓學生學到口語表達的技能。

此外，如同前文提到的，沒有學生接受過關於「聆聽能力」的指導。

3

一般人往往抱怨大學生讀寫水準低落，其實這犯了一個錯誤，以為只要寫和讀的缺失得以補救，就天下太平了。我們以為只要學好讀和寫，就理所當然懂得說與聽，但事實並非如此。

原因在於，「聽和說」與「讀和寫」截然不同，要學習前者的技能，比起學習後者來得困難許多。表面上看來，「說與聽」剛好平行對應「寫與讀」。這兩組配對中，都有一方的心智運用語言去接觸另一方，而另一方予以回應。如果能藉由書寫順利達成互動，那麼為什麼把字句說出來會比較困難呢？如果能順利回應別人書寫的文字，又怎麼會無法好好回應對方說出的話呢？

那是因為口語表達有一種流動性與流暢度。閱讀時，我們可以回顧讀過的字句，比之前更透徹地重複閱讀。閱讀可以無止盡地進步，只要一遍又一遍練習。我在閱讀偉大著作時就是這樣。寫作時，人們也可以改善筆下的內容。寫作者可以把內容修改到心滿意足，才將成果交出去；這也與我書寫或著述的經驗相符。

在「讀」與「寫」的必備技巧中有個共通要素，就是要知道如何改進讀寫的方式。然而，這項要素在磨練「說」與「聽」的技巧時毫無用處，因為寫與讀比較像繪畫和雕塑，其成品具有恆久性，而說與聽則如同一場表演藝術，轉瞬即逝。

試想，在一場藝術表演（如演戲、芭蕾、演奏會）中，已經演出的部分就無法再更改了。表演者也許可以在未來的演出中精進，但在台上的那段時間應該盡力展現最好的表演。一旦表演結束，再也沒有彌補空間。

這和說與聽的道理完全相同。進行中的談話和寫作不同，基本上是無法修補的。話一旦說出口，想回收已說出的話往往會令聽者更加困惑。當然，事先準備的演說可以在發表前加以修改，就像一篇寫下來的文章那樣可以修改，但即席說話或即興演說可就不是那麼回事了。

你也許可以在某些發言之後，把說過的內容潤飾得更好，然而就是有許多場合，只能在當場把話說好，不管你原本多麼能言善道。「聽」也是類似的道理，在一個場合中，聽過的話就是聽過了，沒有方法能改進那個聆聽經驗，你必須在當下做到最好。

寫作者至少還能期待讀者花時間理解文字裡的訊息，但說話者無法抱持這種期待，他必須設法用聽者能理解的方式即時表達。說與聽的時間軸是一致的，同時開始並且同時結束，而寫與讀則否。

4

正是聽說與讀寫的差異，使我在出版了《如何閱讀一本書》之後，並未馬上著手寫一本關於聆聽的書。這個艱難的任務延宕了超過四十年，但如今我不該再拖延了，因為我看到人們在聆聽方面的缺失，影響遍及生活各層面。

　　若要闡述關於「閱讀」的理論，是可以不將寫作涵蓋在內的，因此我在《如何閱讀一本書》中便不太提及寫作；同時，我當時關切的也是如何「閱讀」最棒的著作，當然了，這些著作絕對是在寫作技巧方面的佼佼者。而一旦將重點放在口語表達，事情就不同了。寫和讀可以分別學習，但說和聽無法分開，因為運用說和聽最重要的方式就是對談和會話，這是一種雙向活動，我們同時扮演說話者以及聆聽者。

　　單獨討論「不中斷的演說」是可行的，因為學習演說技巧時，毋須牽涉聆聽技巧；而單獨討論「靜默聆聽」也可行，因為學習靜默聆聽的技巧時，也毋須牽涉到說話技巧。但若要磨練與人對談或討論的技巧，就不得不同時學習說與聽兩者。

第二章　孤獨與社交

談話總是包含了說話，而說話卻不必然包含談話。我們會對著別人說話，但只有傾聽對方，才算是投入談話。我將「聽與說」區分為三種類型：不中斷的演說、靜默聆聽，以及對話。這三者中，以對話最為重要，卻也最難做好。

1

我們與他人產生心靈交流時，可能正獨自一人，也可能身處社交情境。閒暇時投入休閒活動也一樣，可能完全處於孤獨的狀態，也可能有他人作伴。但人際之間的交流往往具有社交性質，而非獨自完成，除非是不涉及他人心靈的活動，諸如鑽研自然現象、檢視社會體制、探索過去或預測未來。

讀與寫當然可以獨自完成，事實上也往往如此。我們在幽靜的書房或扶手椅上閱讀與寫作。寫作時，我們的確對著他人的心靈說話，但寫作這個活動並不因此具備社交性質。閱讀亦然，透過紙頁的筆墨來了解寫作者的心靈，並不會讓閱讀成為一種交流。

因此，讀與寫通常獨自進行。相反地，聽與說一律發生在社交情境。在聽與說的過程中，必定有旁人在場：發言者對著聽眾說話，聽者則聆聽講者現場講述的內容。這就是聽與說比讀與寫更加複雜的原因，也因此，聽與說的技巧更難掌控，更難發揮效益。

雖然聽與說具有社交性，但交流的目的可不一定能圓滿達成，有時會遭到阻斷。當聽與說相遇，其中一方受到抑制，交流就會中斷。不中斷的演說與靜默聆聽就是這樣，好比單行道上的交通工具都往同一個方向前進。

對公眾演講、對委員會報告，或是老師對學生授課、公職候選人對選民發表政見，甚至是在晚宴上大發議論，獨佔所有人的注意力——這些不同型態的單行道，都會導致相同的結果。

如今，透過電視，我們可以對著各地的沉默聽眾發言、演講和政治演說，過程完全不被打斷，但如果聽眾是出現在演說現場，在當下向講者提問或評論，之後講者又加以回應，那麼單行道就會開放成雙向道。

當談話、討論或對話取代了不中斷的演說與靜默聆聽，聽與說的社交功能就得以圓滿達成。上述我所用的三個詞：「談話」（talk）、「討論」（discussion）和「對話」（conversation）意義相近，可以交替使用。這些詞的共通意義在於，個體同時扮演講者與聽者，輪流在兩種角色之間形成雙向溝通。

2

我開始著手撰寫本書時，將書名定為《如何談，如何聽》（*How to Talk and How to Listen*），但我很快明白，雖然談話總是包含了說話，說話卻不必然包含談話。我們會**對著**別人說話，但只有當說話時傾聽對方的發言，才算是投入於**和**他們談話。我們會說「我們來談談」，而非「我們來說說」。

「談」（talk）這個字眼有時被誤用為「演說」（speech）的同義詞，比如「我受邀發表談話」，而非「我受邀發表演說」。嚴格來說，你無法發表談話，除非有他人在場與你對談。但是，就算聽眾只是在場安靜聆聽，你仍可以發表演說。

「討論」（discussion）一詞能避免上述誤用的情況。這個詞向來指參與者輪流擔任講者與聽者，形成雙向交流。「討論」和「對話」（conversation）在意義上有個區別：

討論是帶著明確的目的進行對話，對話的內容受到引導或控制，以期達到預設目標。儘管所有討論都是對話，但對話卻不一定都是討論，因為對話常常沒有特定的目的，只有模糊的方向或約略的引導，甚至可以天馬行空的發揮。

我最常使用「對話」這個詞，因為應用範圍最廣，從最具目的性與最受控制的討論（甚至包括正式辯論與爭論）到另一個極端——閒談（如雞尾酒會上的閒聊，或我們有時稱為「寒暄」的聊天），都可含括在內。社會學者和發展出精細「通訊理論」的電子專家把「溝通／通訊」（communication）當作行話使用，幸好世上沒有所謂「對話理論」（Conversation theory），這正是我偏好使用「對話」，而不愛用「溝通」一詞的原因。

動物以各式各樣的方法溝通，但牠們不會對話。「溝通／通訊」這個詞有另一層意義，只要任何一個有形物體對著另一個有形物體發送訊號，對方接收並回應，就可稱為「通訊」。但發送和接受訊號不是對話、談話和討論；動物也不會彼此對談，不會進行討論。我希望在探討對話時能保留「溝通」中的某個面向，也就是牽涉到社群的概念。沒有「溝通」就不可能有社群，人類必須互相「溝通」才能共享生活。

以上所述，說明了為何聽與說最重要的形式是對話、討論和談話。如果聽與說不能發揮社交功能，就會像前文所說的不中斷演說與靜默聆聽那般，聽者與講者根本無法形成社群。若要建立一個充滿活力並繁盛發展的社群，就需要充分發揮聽與說的社交性，不能加以阻斷。

就許多方面而言，書寫的表達可與對話中的雙向交流互相類比，例如持續的書信往返，雙方你來我往真誠回應對方的內容；或者「打筆戰」也是種雙向交流，譬如當一本書得到負評，該書作者質疑書評的觀點，之後引發評論者進一步的辯駁。

3

我將聽與說區分為三種類型，對應本書接下來論述的三個部分：**不中斷的演說**、**靜默聆聽**，以及**對話**。這三者中，以對話最為重要，卻也最難做好。

一場對話可能出於樂趣，也可能帶有特定目的，有時也會從說說笑笑轉向特定的目標發展。只為樂趣而展開的談話通常屬於閒聊的範疇，參與者漫不經心。但即便是閒聊，內容也可能五花八門，而且富有洞見。

有些對話較不受控制，例如晚宴或客廳裡的對話；有些對話則高度受到掌控，比如商業談判、商務會議、研討會、政治辯論、學術論戰、教堂會議、委員會或政務會、教廷會議，以及運用討論來進行的教學（這種教學法在今日十分罕見）。

4

我在本章開頭提到，利用閒暇從事的休閒活動可分兩種：獨自完成，或是具有社交性質。例如從事烹飪、木工、園藝等活動，若是只為享樂（為自己感到心滿意足）而非獲利，就屬於獨自進行的休閒活動。寫作與閱讀、觀賞藝術品、聽音樂、旅遊與觀察事物，以及最重要的——思考——都屬於獨自完成的活動。

在所有休閒活動中，展現出友誼的活動具有特別高的社交性質，而其中，各種形式的對話能達到的社交性最高。我認為，打發空閒最好的方式之一，就是參與品質良好的對話——令人投入又富有價值的對談，能帶來比其他休閒活動更大的收穫，讓自我充分實現。

這就是為什麼擁有良好的對話技能，並且在空閒時投入對話，以取代許多現代人用來填補空虛的事物，這件事是如此地重要。

第二部

不中斷的演說

第三章「不過就是咬文嚼字！」

有些人認為在語言中著眼於修辭，就形同一種詭辯，因而對「推銷」、「說服」這類字眼非常反感。實際上，多數人在日常社交互動中，都傾向或必須說服別人以我們認為較理想的方式來感受或行動，鮮少有人能完全避免這件事。

1

世界上第一顆原子彈爆炸後不久，芝加哥大學校長哈欽斯（Robert Hutchins）創立了「世界憲法建構委員會」。這個團體由一群傑出人士組成，其中兩位成員的性情迥然不同，一位是芝加哥大學的義大利文學教授貝佳斯（Guiseppe Antonio Borgese），他也是知名詩人；另一位則性格穩重、實事求是，時任哈佛法學院院長的蘭迪斯（James Landis）。

有一次，貝佳斯教授正對著在場同事高談闊論某個十分引人關注的議題。他在論述時聲調上揚，眼神閃耀著光芒，吐出的話語越來越有力，有如吟詩般漸漸增強又熱情洋溢，我們全都聽得入迷了——只有一個人除外。蘭迪斯院長在貝佳斯教授說完的瞬間靜默中，目光冰冷地盯著他，以低沉的聲音回應：「你講的內容不過就是咬文嚼字罷了！」貝佳斯的神情同樣冰冷，或許還帶著憤怒，他對著蘭迪斯比出手槍的手勢：「如果你要再說一次，記得面帶微笑！」

蘭迪斯院長的評語是什麼意思？他想表達什麼？

他當然不是在說貝佳斯的演說文法錯誤、不合邏輯，除了修辭華麗以外毫無品質可言。儘管貝佳斯教授的母語不是英文，但他絕對精通英文。我曾多次和貝佳斯教授進行辯論，可以保證他的分析能力高明，論理極具說服力。他有本事運用想像、譬喻、時機精準的停頓及瞬間迸發的語句來為演說潤色，他的話語緊緊抓住聽眾的注意力，而且讓聽眾透徹理解他的論點。

貝佳斯的演說蘊含了修辭的力量，而那位謹慎的、來自哈佛法學院的盎格魯．薩克遜院長演說時，雖然同樣措詞嚴謹又有理有據，卻幾乎從未展現這種魅力。為什麼這位院長反對他的義大利同事的發言方式？那有何不妥？他也許有所節制，不願使用這種貝佳斯教授純熟運用的方式，但他倆因性情不同所造成的風格差異，還不足以說明他為何輕視貝佳斯的演說，斥之為「咬文嚼字」。

為了別讓蘭迪斯院長對貝佳斯教授的批評顯得太刻薄，我們重新詮釋如下：貝佳斯教授的口語表達並非「只不過是咬文嚼字」，而是**比那個場合所需要的**修辭程度還要華麗一點。

貝佳斯的演講對象不是陌生人，他不需要說服這群聽眾。他與同事圍著桌子落座，在有共識的情況下參與商討，他們必須檢視各種事實，衡量利弊得失。

在蘭迪斯院長眼中，這樣的協商任務只適合以冷靜仔細的態度措辭，還得始終切題，摒棄無關的題外話，以免節外生枝。因而他說的話等於是不客氣地駁斥了貝佳斯，對他說：「省掉那些不必要的修辭吧！」

華麗的修辭之所以沒必要，是因為對這個場合來說太過火了嗎？或者華麗的修辭根本完全沒必要？後者似乎不太可能。如果有人這麼想，就相當於認為只要符合文法與邏輯，便能滿足說話的目的。但實情並非如此。或許也有人認為，跟別人說話不需考慮如何讓對方注意聽你說話，或者如何讓你說的話以你期待的方式影響對方。

若想妥善地運用語言來表達思想和情感，關係到三種技藝，那就是**文法**、**邏輯**和

修辭。前兩者足以讓人將思想與情感化為文字，作為備忘錄，以供未來參考。至於修辭，只有自言自語或是出於個人需求而做成文字記錄時，我們才不需用到修辭技巧。因為我們很少需要說服自己才能同意心中的想法應該被認可或採納，但如果我們真的需要說服自己，肯定自己的思路正確，那麼在自言自語或做筆記時，只靠文法正確和合乎邏輯也並不足夠，我們必須多做點什麼，才能認同自己的結論或觀點。就如人們有時說：我們必須「自我說服」，這時，修辭就可以登場了。

只對自己說話或許不太需要用到修辭，但對別人說話就不能沒有修辭。理由顯而易見：我們幾乎總是得試著說服聽者，不但要對方仔細聽我們說話，還希望對方同意並按我們的意思來思考與行動。

2

修辭這一項既高尚又歷史悠久的技藝，就是「說服」的技藝。近二十五個世紀來，修辭、文法和邏輯在教育中佔有一席之地。在古希臘與古羅馬文明中，修辭的地位更顯重要，因為當時的文化期待任何受過高等教育的人都必須是個雄辯家。到了十

七、十八世紀，人們除了重視談話內容，也相當看重說話與寫作的表達方式。

如今，這幾種技藝在基礎教育中消失殆盡，其中以修辭在頭十二年的教育中消失得最為徹底。少數人可能在進入大學後修習「公開演說」的課程，但多數人從未受過說服技巧的訓練。

在修辭學發展的漫長歷史中，演辯技術及表達方式就算不是教學時的唯二重點，也必定是主要內涵。這門學問教你以良好的表達方式運用語言，例如在寫作或口語表達時，以更優雅或有效的方式進行溝通。然而，試圖說服別人時，不管優雅的言語是否受人喜愛，也未必能有效地進行溝通。

既然我們對修辭的關注焦點在於說話時如何有效說服對方，那就不得不面對一件事：雖然演辯技術不是與修辭相關的唯一元素，但長期以來，兩者緊密相關。許多書籍都在探討這個主題，例如羅馬修辭大師昆體良①在其知名著作上用的是「演辯」（oratory）一詞，而非「修辭」。無論古今，「雄辯家」（orator）與「修辭學家」（rhetorician）一向可以相互替換。

這麼做有什麼問題呢？答案是：演辯的意義在於試圖說服他人以特定的方式行動。雄辯家使用修辭技巧，多半只為達到某些實際的結果，包括說服別人採取行動、形成判斷，或採取特定的態度。然而，修辭的功能並不限於達到實際結果，更何況，達到實際結果也並非修辭最常見或最重要的用途。我們時常企圖影響他人的想法，想讓他人以我們的方式來思考，其重要性相當於影響別人以我們所期待的方式來行為或感受。這麼一來，運用修辭的目的就純粹著重於思想層面，或幾乎可說是在理論層面，而非實際上的考量。當我們為了思想面的目的而發揮修辭技巧，同樣也是在說服他人，但這與為了實際目的而與人辯論的性質大不相同。

用「雄辯家」一詞來描述為實用目的而運用修辭的人會產生誤解，因為這個詞彙充斥著政治場合、法院或議會的味道。然而，並非只有政治場域才需要修辭技巧，商場上或是任何與他人**共同投入或互相競爭**以達成實際結果的事業中，都需要修辭技巧。

在這些領域中，我們可能會向別人推銷東西。實用性的說服有各種不同形式，但本質上都是一種推銷。因此，接下來我要以「推銷談話」這個沒那麼高尚的詞彙來指涉這類談話，它用於說服他人，並企圖達到實際的目的。

①譯注：昆體良（Marcus Fabius Quintilian）為羅馬帝國的修辭學家、教育家，也是雄辯家。他是羅馬第一名領受國家薪俸的修辭學教授。

那麼，我們該怎麼稱呼另一種著眼於純粹思想面或理論性目的的說服呢？教導？教學？似乎可行，但別忘了教學有許多形式，有時老師不會只對著安靜聆聽的聽眾演講。如果老師採取演講方式，便是藉由述說（而非提問）來教學。以述說來教學稱為「講授」，好的講授者就如同高明的銷售員一樣擅於說服聽者。

儘管說服在教學和推銷時都會出現，但前者的目的僅限於思想面或理論面，後者則是為了實際目的說服他人。我認為採取以下詞彙來稱呼最為方便：我以「說服性演說」指涉所有試圖達到實際目的的說服；以「教育性演說」指涉所有企圖改變他人想法（無關行動）的說服。前文提到的「推銷談話」就屬於說服性演說，演講則屬於教育性演說。

我先討論這兩種「不中斷的演說」的主要類型，再探究兩者的特殊變異。

3

有些人認為進行推銷或說服時所運用的修辭技巧，就是一種任意的詭辯，因而「推銷」、「說服」甚至「修辭」這些字眼容易引起反感。

所幸這種觀點是錯誤的。確實，如果詭辯在說服中是不可避免的，那麼所有誠實且具道德情操和良知的人，都不應該和說服扯上關係，那真是可惜了。實際上，我們多數人都傾向或必須說服別人以我們認為較理想的方式來感受或行動，少有人能完全避開說服這件事。多數人在日常社交互動中，有大部分時間都牽涉到說服。

說服技巧可以用在良善的用途，也可以用在邪惡的用途。運用這些技巧時可以秉持良心，謹慎為之，也可以昧著良心，無所顧忌。就像醫生能運用專業來治癒或殘害病人，律師可以運用專業來伸張或打壓正義，科技專家能運用技術來建設或破壞……以言辭說服他人者（無論是政治演說家、商業推銷員、廣告商或宣傳人員）都可以在運用技能時心繫真理，企圖達到正向的結果，或是用以欺騙別人，造成傷害。

如果濫用修辭技巧，為了成功說服而不顧手段是否正當，那麼最後就會陷入詭辯。柏拉圖曾提及如何區分「辯士」與哲學家：兩者同樣擅於辯論，但柏拉圖將哲學家劃歸為「為真理獻身」的人，他認為哲學家不應該誤用邏輯或修辭，以欺騙、扭曲事實或其他奸詐手段贏得爭論。

相反的，辯士總為了達到目的不擇手段，也會為了成功而不惜背離事實。古希臘的辯士教人如何運用修辭來贏得訴訟。當時的民眾要打官司，不管是原告或被告，都得自己擔任律師。有些人認為，要打贏官司可以不擇手段，不管方法正當與否；對他們來說，辯士濫用修辭的方式就能派上用場。

修辭自此背負了至今無法擺脫的污名。我們都應謹記，詭辯是不擇手段地利用修辭，所以該譴責的是誤用，而非修辭本身。

和許多行為一樣，人們在推銷或說服時可能抱持著正大光明的心態，也可能懷有虛偽不實的想法。我認為，推銷談話不需要訴諸謊言欺瞞就能奏效，想要成功銷售，更毋須使用騙術。我發覺在某些領域中，「推銷員」、「說服」、「修辭」等都是惡名昭彰的辭彙。其實只要人們有機會明白這些辭彙和詭辯之間並無本質上的關聯，就沒有任何放棄使用修辭的理由。

第四章　說服性演說——「推銷談話」及其他形式

亞里斯多德認為，要達成說服任務，必須採取三種策略，包括品格、情感與論理。品格永遠是最優先的。只有當你的聽眾願意先信任「你這個人」，然後才可能相信你所說的內容，進一步被你說服。

1

本章的標題可能引發讀者的疑慮。哲學家對於推銷談話知道多少？這幾乎不是他們所能理解的範圍。

為使讀者安心，我著手進行一件事，這是亞里斯多德建議任何人想說服其他人任何事（尤其在實用領域）時，所應採取的第一步。

多年前，「哲學研究中心」在舊金山成立，我受邀以主任身分到「加州聯合廣告俱樂部」的午宴發表演說。他們預先問我講題是什麼，我提出「亞里斯多德論推銷」，我猜想這個主題足以震撼他們。結果確實如此。從來沒有人把亞里斯多德這個名字跟推銷扯上關係。

這場演說從解釋講題開始。廣告是推銷的一種形式，對吧？我問。眾人點頭附和。推銷的每一種形式不都是在試圖說服？而廣告就是說服潛在消費者購買商品？他們再次點頭。

我繼續說，那麼，亞里斯多德就是這門藝術——說服的藝術——的大師，他為此寫了一篇名為「修辭學」（"Rhetoric"）的論文。由於這個場合的性質，我將這篇文章的內容濃縮，告訴他們亞里斯多德指出，如果想達成說服任務，必須採取三種主要策略。要稱呼這三種主要說服工具，再沒有什麼名稱比直接引用希臘原文的意思更適合了，那就是**品格**（*ethos*）、**情感**（*pathos*）與**論理**（*logos*），這幾個詞簡潔明瞭說明了一切。

在我繼續說明這三個詞彙所代表的策略前，我一定要先補充一下，那天出席午宴的廣告專家對於亞里斯多德竟如此了解他們這行的成功祕訣感到十分訝異，我後來得知，他們在那天下午湧入舊金山的書店，將亞里斯多德的《修辭學》搶購一空，還有很多人買不到。

希臘文用 *ethos* 一詞表示一個人的**品格**。只要想說服他人，首要工作一定是建立自身的品格。說服者必須試著表現得像一個有品格的人，而且這種品格與說服的目標一致。

假如你希望聽眾聽你說話，不只專注地聽，更能感受到你的話語具有價值，那麼你必須展現出自己就是這種人——知道自己在說什麼，而且能夠以誠懇和善意贏得信任。你必須展現魅力，表現得討人喜歡又值得信賴。

為達到上述目的，我在對廣告專業人士演講時分享了兩個自己的故事。第一個故事是關於我和大英百科金主的對話。當時這間公司投入大筆資金出版《西方世界的偉大著作》（*Great Books of the Western World*）以及其中一整冊的《主題索引》（*Syntopicon*），由我擔任編輯。

這位金主前來與我會面時，高度懷疑他的公司出資這麼多，而我們的產品到底具不具備銷售價值？他尤其質疑那冊名為《主題索引》的怪書，因為在成書前就有超過百萬的開銷。《主題索引》有什麼足以吸引人購買這套書的動機呢？「例如，我對買賣有興趣，」金主說，「如果我查詢《主題索引》目錄中一百零二個觀念，我能找到任何與推銷有關的觀念嗎？」

這個問題使我一時語塞，因為「推銷」一詞當然沒有出現在書中所編列的一百零二個觀念清單中，甚至，從屬於這些觀念之下、在索引中按字母排序的一千八百個專有名詞中，也找不到「推銷」一詞。我藉著向他提出一個問題突破了僵局。

我問他同不同意，要對任何人兜售東西，都需要知道如何說服別人，使對方買單？他表示同意。我乘勝追擊，告訴他這一百零二個觀念中有一個是「修辭」，與如何說服別人密切相關。而且，如果他參考《主題索引》裡關於修辭的篇章，會發現許多段落極有幫助，儘管文中引用的偉大文句完全沒提到「推銷」一詞。

我只做了這麼一件事，就打消了那位金主對於出資出版《主題索引》的疑慮——他買了我的帳。接著我告訴舊金山的聽眾，我如何成功賣出五百套《西方世界的偉大著作》來平衡此書的印刷費用及初版成本。

我幾乎單槍匹馬就完成了此事。首先，我寫了封信給哈欽斯，他當時是芝加哥大學校長，然後發送我倆的簽名信給一千個人，讓他們有機會以五百元預購初版書。選出這批人，是因為他們很可能會因為贊助這套書的初版而感到與有榮焉。

這封信為我們帶來兩百五十筆附帶了支票的訂單。那批廣告業的聽眾因為我一舉出擊就換回百分之二十五的回覆率而感到震撼，這是郵寄廣告的空前佳績。首波行動成功後，我透過電話和親自造訪客戶，繼續賣了兩百五十套書給個別的贊助者。

其中一次，我賣了四十五套書給某家連鎖百貨的老闆（該公司旗下有超過八十間百貨），由四十五家分店送給所在城鎮的圖書館或大學，作為百貨公司的公關手段。這筆訂單在三十分鐘內成交。我記得那是某個週五傍晚，這位百貨公司執行長即將出城度假，明確表示只能給我一點時間。於是我的推銷談話開門見山，以免他失去耐性，結果贏得他的歡心。

當我說完第二個故事，舊金山的廣告專家已對我個人的說服能力及推銷經歷大為嘆服，全神貫注準備聽我解釋亞里斯多德分析「說服三要素」，並歸結出推銷的精髓。在我開始解釋品格、情感與論理在說服中扮演的角色前，我已經在他們面前樹立了自身的品格。

我也希望透過這兩個故事——關於我自己擔任廣告商和推銷員的經驗——對你建立起我的品格。

2

說服的三元素——品格、情感與論理當中，**品格**永遠是最優先的。除非你建立了身為講者的可信度，並讓自己成為對聽者而言具有魅力的人，否則就無法持續吸引他們的注意力，更難說服他們按你所想的去行動。只有當他們被你**這個人**說服而願意信任你之後，才會被你說的內容說服。

當然，要在說服過程中踏出這一步有許多方式。你可以說幾個關於自己的故事，如果這些故事令聽眾發笑，而且是因你而笑，將會提升故事的效果。你可以用稍微間接一點的方式，在聽眾面前低估自己談論該主題的資格，那麼聽眾就會將之視為你過分謙虛的表現。如果你希望聽眾覺得你具有某種值得讚揚的特質，那麼不妨提及擁有這種特質的人，然後告訴聽眾自己和他們的關聯。

在莎士比亞的作品《凱撒大帝》（*Julius Caesar*）中，布魯特斯和馬克・安東尼的演說可作為兩個經典例證，說明品格在說服過程中扮演的角色。當然，將這兩段偉大演說與推銷談話相比，難免有些突兀。這兩段演講是政治說服的實例，講者試圖感動聽者，使他們採取行動。

不過，無論在菜市場或政壇、商店或議會、商業場合或競選活動、商品廣告或某項公共議題、某位候選人的宣傳稿，實用性說服向來都是一種推銷術。

在莎士比亞的作品中，凱撒剛被刺殺時，羅馬市民齊聚廣場圍繞著凱撒的遺體哀悼，並憤怒地要求找犯人算帳。布魯特斯是參與刺殺行動的共犯之一，他站上講台對群眾說話：

各位羅馬人、各位同胞和愛人，請靜下來聽我說緣由。請相信我的名譽，並尊重我的名譽，你們將會相信我。請以你們的智慧譴責我，並喚醒你們的覺知，才能做出公正的評斷。假若此處的群眾裡有任何一位凱撒的摯友，我要對他說，布魯特斯對凱撒的愛不亞於他。如果那位朋友質問布魯特斯為何要反抗凱撒，這是我的答案：不是我不愛凱撒，而是我更愛羅馬。難道你寧願凱撒活著、所有奴隸死去，而非凱撒過世，而所有自由人活了下來？

因為凱撒對我的愛，我為他哭泣；因為他生前的福分，我為他歡欣；因為他的英勇，我尊崇他；但是因為他的野心，我殺了他。我將眼淚獻給他的愛，將歡欣獻給他的福分，將敬意獻給他的英勇，將死亡獻給他的野心。

這裡有誰如此卑賤，甘願作個奴隸？如果有，請出聲，因為我已冒犯了他。這裡有誰如此粗鄙，不願當個羅馬人？如果有，請出聲，因為我已冒犯了他。這裡有誰如此惡劣，不愛自己的國家？如果有，請出聲，因為我已冒犯了他。我暫時不說話，等候有人回答。

群眾齊聲回應：「沒有人，布魯特斯，沒有人。」於是，布魯特斯因為說服了群眾他的刺殺行動具有正當理由而感到心滿意足，把發言位置讓給馬克．安東尼。安東尼開口之前，布魯特斯完全贏得了群眾的心；或者說，眾人完全買了布魯特斯的帳，他們在凱撒的葬身之地為布魯特斯高聲喝采，公開表達對他的讚譽。布魯特斯要他們安靜下來，並懇求他們傾聽安東尼要說的話，因為他已允許安東尼發言。布魯特斯請安東尼出場。安東尼說：

各位朋友、各位羅馬人、各位同胞，請聽我說。

我來這裡是為了埋葬凱撒，而非讚美他。人們的惡行在死後仍會繼續流傳，但他們的善行常隨骨骸一起葬入土中；所以，放過凱撒吧。

高貴的布魯特斯告訴你們凱撒生前野心勃勃，假如此言屬實，那真是罪大惡極，而罪大惡極的凱撒已償還代價了。

在布魯特斯和其他人的允許之下——因為布魯特斯是高尚的人，其他人也都是高尚的人——我來到此地，在凱撒的葬禮上發言。

他曾是我的朋友，對我十分忠誠，但布魯特斯說他生前野心勃勃；而布魯特斯是個高尚的人。

他曾帶著許多俘虜回到羅馬，因這些俘虜而得到的贖金填滿了國庫。做出此事的凱撒看起來是野心勃勃的嗎？

窮人哭泣時，凱撒也留下了眼淚，野心應該是由更加強悍的東西組成。但說他生前野心勃勃的布魯特斯，是個高尚的人。

你們都看到我在牧神節三度為凱撒獻上皇冠，而他三度拒絕了我——那是野心勃勃的表現嗎？

但布魯特斯說他生前野心勃勃。當然，布魯特斯是個高尚的人。

我說這些不是為了反駁布魯特斯所說的，而是在這裡說出我所知的。

你們都曾敬愛凱撒，那並非無緣無故。那麼，是什麼讓你們卻步，不願為他哀悼？

噢，公正的判斷力！你已奔向殘暴的野獸，而人們喪失了理智。
請包涵，我的心已隨凱撒進入棺材，我必須停在這裡，直到它回來。

布魯特斯的短講展現了品格的重要性，安東尼演說的開頭也具有相同功能。布魯特斯在演說中為自己及共犯辯解之後就滿意了，沒有進一步引發市民的行動，只請求群眾允許他離開。另一方面，安東尼心中有個較遠大的目標，他想激起大眾對那些叛徒（尤其是布魯特斯和卡西烏斯）採取激烈的行動，以報復凱撒之死。（確實，他們是高尚的人！）為達到目，他同時顧及了說服中的另兩個元素——情感與論理。

3

品格的內涵包含了確立講者的可信度與演說的資格，展現令人尊敬與欽佩的特質，情感則能激起熱情，引導聽者的情緒朝講者帶領的方向發展。

情感是激發動力的元素。這個元素在安東尼的演說中也有跡可尋。在演說開頭，講者逐步發展品格時，情感就夾雜其中。安東尼提醒群眾凱撒為羅馬所付出的一切，以及他們皆受益於凱撒的作為，列舉這些善行時，他反覆詢問群眾能否相信凱撒的作為表現了自私的野心，而非獻身於公益。

如此一來，安東尼成功扭轉了布魯特斯營造的氣氛。一位市民大喊：「凱撒被大大地冤枉了！」另一人高聲說：「他不願戴上皇冠，因此可以確定他並非野心勃勃。」還有一個人對於安東尼運用品格製造出來的效果表示景仰：「在羅馬，沒有人比安東尼更加高尚了。」

當安東尼在群眾前確立了自己的優秀品格，並將大家的情緒引導到正確方向後，進一步強化被挑起的激情，藉由說理來引發大眾的行動。

論理——即釐清道理——在最後出場。你必須先讓聽眾對你產生好感，才能運用激情達到你想鼓吹的結果；同理，只有先創造了一種充滿情緒的心境，而且聽眾願意將之納入心中，採取說理的方式才有意義。

論據說理有助於強化激情的動力，但前提是聽眾已經在情感上被打動，傾向贊同你希望靠說理證明的方向，否則將一點效果也沒有。

安東尼在演說的結論中是如何有效結合情感與論理，成功讓羅馬市民轉而對抗布魯特斯及其同夥？

首先，他在演說中狡猾地將話題帶到凱撒的遺囑，並暗示大眾只要得知遺囑內容，就會發現每個人無不受益於凱撒：

噢，各位先生，假如我存心煽動你們的心靈，讓你們憤怒反抗，我應該要冤枉布魯特斯、冤枉卡西烏斯。

你們都知道，他們是高尚的人，

但我不會冤枉他們，我寧可選擇冤枉死者、冤枉我自己和你們，而非誣陷這麼高尚的人。

這裡有一張凱撒蓋章封印的羊皮紙，我在他的密室裡找到，這是他的遺囑。一旦眾人聽了他的遺言——我無意朗讀出來，請見諒——

他們將去親吻凱撒的傷口，用手帕沾上他神聖的血。

沒錯，他們還會懇求要留下一根他的毛髮以作為紀念。

然後，他們在臨終時會在遺囑中提及此事，將之視為可流傳於後世子子孫孫的寶貴遺產。

眾人開始哀求安東尼公布凱撒的遺囑。而他在宣布每位市民將獲贈七十五枚銀幣之前，刻意發表了一段結語，使得群眾的激情升溫到最高點：

如果你們有眼淚，請做好準備，它就要流下，

你們都記得這件披風：我記得凱撒第一次穿上它；

那是個夏夜，在他的營帳裡。他在那天打敗了納爾維人。

看哪！卡西烏斯的匕首穿過此處，深受喜愛的布魯特斯在此處一刺；

當他拔出那可惡的鋼製品，血液隨之流出，彷彿湧出大門好解答疑惑，確認是否真是布魯特斯在敲門，他竟如此冷酷！

因為如你們所知，布魯特斯曾是凱撒的天使。

老天啊，請評評理，凱撒曾經多麼深愛他！這是最冷酷無情的一擊；

當高貴的凱撒看到他刺下這一刀，那忘恩負義的力量遠比叛徒的手臂更加強大，徹底將他擊敗。

接著刺入他強勁的心臟。

接著，他的臉被披風蒙住，甚至在龐培雕像底下，鮮血瞬間湧出，偉大的凱撒倒

下。

噢，我的同胞，這是多麼不尋常的殞落！

然後，我和你，我們所有人都倒了下來，在這血腥叛變勝過我們的時刻。

這段演說發揮了預期的效果。群眾開始稱呼刺客及同夥為叛徒和惡棍，吶喊著要報仇。他們再也不是群眾心中高尚的人了。可以肯定的是，安東尼在這天贏得勝利，羅馬民眾接受了他的說服。接著，他進一步鞏固這場勝利，就如同演說的開頭，他再次比較自己與布魯特斯的品格，說明他希望眾人採取行動背後的理由（論理），穩固他在眾人心中激起的感受（情感）：

各位好朋友、親愛的朋友，

我不願干擾你們，讓你們捲入反叛的騷動。

參與這場叛變的人確實都是高尚的，

哎呀，我不知道有什麼私人恩怨，讓他們做出此事，

他們都是有智慧而高尚的，而且，毫無疑問能明理地回應你們。

各位朋友，我不是要來竊取你們的心，我不像布魯特斯是個雄辯家；
而是如你們所知的，我是個率直的平凡人，而且深愛我的朋友。
他們非常清楚這點，所以讓我為他公開發言，
因為我既不聰明、口才不好又微不足道，
也無法用行動、言辭或演說的力量來激起人們的熱血，
但我只要繼續說下去，就能辦到。
我告訴你們的，都是你們已經知道的；
我讓你們看親愛的凱撒的傷口，那可憐無比、啞口無言的嘴，
讓那張嘴代我發言。
但假如我是布魯特斯，而布魯特斯是安東尼，
那麼這個安東尼會擾亂你們的靈魂，讓凱撒的每一道傷口都為他發聲，
那程度足以感動羅馬的石頭，跟著起身掀起暴動。

「我們要掀起暴動！」群眾大吼。「我們要燒了布魯特斯的房子！」然後抓住其他叛徒。此時——直到此時，安東尼才公布羅馬市民將因凱撒的遺囑而獲得什麼好處，藉

此罕固勝利。他達到了目的。民眾大喊：「放火……拆掉椅子……拆掉凳子、窗子和任何其他東西！」安東尼對於完成任務感到滿意，他退下並對自己說：「現在，就讓情勢繼續吧，混亂已經開始，就看它如何發展！」

4

若想在說服時有效運用情感，以便在對方身上激起有利於己的感性衝動，有兩件事請謹記在心。

首先，務必認清可以借助哪些欲望讓情緒發酵。這些欲望在所有人類身上都存在，是一種能激起動力的活躍力量，包括渴望自由、正義、和平、享樂、公益、榮譽、名聲、地位或愛好。理所當然地，這些欲望伴隨著強大的動力，因此當你進行說服時，可以藉由喚起欲望，聚焦於你所提議的行動比其他方式（也許有其他競爭對手也在試圖推銷）更能滿足他們的理由。

不管說服者希望自己的產品比競爭對手的產品更加誘人，或者要拉攏選民支持自己而非敵營的候選人，此時都必須利用**論理**（而非**情感**）讓情勢有利於己。也許你和對手的產品都能達到相同目的，能回應同一種已存在聽者心中的欲望，那麼你就必須強調你的產品能夠「強化」這種欲望，提出理由說明應該選擇自己的產品。

同理，在政治選舉或議會中為了對立的政策而辯論時，感性上都是訴諸於維護和平、保障自由或健全福利，說服者不需要為人們創造欲望，因為這些欲望本來就存在，可加以利用。說服時，你只需論述為什麼你的政策比其他人的政策更能達到這些目的。

值得注意的是，說服別人時也不能一直依賴聽眾心中普遍存在的現成欲望，有時還得注入欲望到聽眾心中，而你推銷的產品、政策或候選人恰恰可以滿足這些欲望。某些需求或渴望往往處於潛伏狀態，人們並未完全察覺它們的存在，必須試著喚醒並將之激發出來。有時候則必須創造出一種全新的欲望，這類欲望通常不甚明顯，直到有人激起並將之轉為動力。例如當某種新產品上市時，你就可以這麼做，或是某位候選人根據某種前所未見的需求來宣稱自己適任，也必須這麼做。

在推銷談話中，品格這項元素不是出現在情感之前，就是混雜著情感一起運用。例如一般我們熟知的公關專家，或那些在麥迪遜大道上班的顧問們，他們的任務就是打造產品公司的良好形象，並讓人覺得他們的產品比其他競爭者的產品更加吸引人。至於這類說服專家如果是為政治候選人工作，除了觸發選民的動機，讓選民贊同候選人的政見，也得為候選人建立起鮮明的形象。

5

在說服過程中徹底發揮品格和情感的作用後，說服者手中還握有「**論理**」這張最後的王牌。接下來，我會說明運用論理時該避免什麼，又該掌握哪些技巧。

首先，說服者要避免冗長、艱澀又複雜的論述。說理並不是用數學演算或科學論證來使別人信服，有效說服的目標沒那麼遠大，只要求聽者對某產品、候選人或政策產生比其它選項更強一些的好感。所以，論述內容應盡可能非常簡略，並且濃縮重點。

說服時必須省略推論過程，才能抓住聽眾的心。這種論證方式有個古典的希臘文名稱 *enthymeme*①，意指省略了許多前提的推論。當然，這些前提必須是普遍通則，說服者才能放心假設一般人都具有這些概念。在法庭判決前的辯論中，原告或被告的辯護人可以將某些通則視為理所當然，法庭也接受這類通則屬於司法認知的範圍，因為眾所皆知、視為真理的事毋須特別說明。

既然可以將某些通則視為理所當然，說服時就能站在這些已經假定為真、但沒有直接提及的基礎上，從一項特例直接跳到結論，而此結論正是應用這些通則時所推演出來的。這種作法是從案例展開論述，我可以藉由展示產品或政策符合某項普遍事實，有效地說服聽眾。

我毋須說明什麼東西有益健康，只要把我的產品描述得十分有益健康就好。我不必聲明每個人都有謀生權利、沒做錯事卻失業的人蒙受不公對待……只需要表達我的政策可以提高就業率。假如我要起訴某個犯下滔天大罪的嫌疑犯，我不必論證「只要有人突然離開犯罪現場，就顯示這個人有犯罪嫌疑」，只需要提供證據，證明犯人在酒吧的確這麼做了，而且沒有理由可以解釋他為何離開。

此外，簡潔的論證並不是提高說服力的唯一要素，另一個要點是使用所謂的「反詰法」。反詰經過了精心安排，使得聽眾能回應的答案通常只有一種。從這點來看，反詰就像是簡略論證裡那些未經說明的前提，同樣可以因為每個人公認它為事實，而將答案

①譯注：enthymeme 一詞，中文常譯為「省略三段論」、「修辭三段論」或「修辭推論」等。

視為理所當然。

譬如，布魯特斯詢問羅馬市民：「這裡有誰如此粗鄙，不願當個羅馬人？」隨即加上一句：「如果有，請出聲；因為我已冒犯了他。」他又問「這裡有誰如此惡劣，不愛自己的國家？」也說「如果有，請出聲；因為我已冒犯了他。」布魯特斯敢這樣大膽反問，因為他明白沒人會回應否定的答案。

馬克・安東尼描述完凱撒的戰果如何充盈國庫之後，也問道：「做出此事的凱撒，看來是野心勃勃的嗎？」以及，安東尼提醒群眾，凱撒曾三度拒絕接受皇冠，他問：「那是野心勃勃的表現嗎？」兩者皆為反問句，可以預期答案只有一個。

6

我在解釋說服過程中的三種要素如何運作以增進成效時，表明我以「推銷談話」指涉帶有實際目的的各類演說。一般使用這個詞彙時，只侷限於廣告中和販售商品時顯而易見的銷售術，但在帶有實際目的之政治舞台、議會、原告與被告兩造對立的法院、公開儀式表揚某人或紀念某事……這類的場合，通通涉及推銷，程度不亞於為銷售某些產品而試著贏得顧客的心。

任何帶有實際目的的公開演說都和成功的銷售術一樣，牽涉到說服三要素。具有實際目的、但非公開的演說也同樣需要這三種要素，例如委員會主席對同事發表演說、商務會議中為政策辯護，甚至是在一個家庭中，家族成員對其他家人提出意見，希望對方接受。

從亞里斯多德、西塞羅、昆體良，一直到今天，在解釋實用性修辭的經典作品中從未出現過「推銷」或「銷售術」這類字眼。以下的詞彙指稱了不同種類的實用性演說：**議事演說**（deliberative，指議會中的政治辯論）、**法庭演說**（forensic，指審判程序中的演說，例如由辯護律師發表的結辯）和**展示性演說**（epidictic，針對人或政策表達頌揚或貶抑），這些都是說服的不同形式。

推銷產品就像讚揚某人或某項政策，都是以歌功頌德的方式說服別人，這個道理應該不難想見。同樣顯而易見的，政治或法庭的辯論也是在說服聽眾接受某樣東西，例如說服者所提倡的政策或所主張的判決。

第五章　教育性演說——演講及其他形式

在教育性演說之後緊接著進行雙向談話，才能提高聽與說的效益。這是一種透過對話或討論、提問與回答，讓講者與聽者雙方都能主動投入交流的形式。一旦沒有座談來補強演說的效果，這場演講就會淪為一種無效的教學形式。

1

如果你預設自己永遠不會有機會上台演講，大可略過本章和下個章節的內容。或者，你也可以約略瀏覽，然後慶幸自己不必對著沉默的聽眾發表長篇演說，為了追求良好表現而受累。然而，只要你的事業或專業生涯中有需要登台演出的機會，你就能從這兩個章節的建議中獲益。

我要談的內容適用於如何準備及發表學術性演講，但至少有一部分的內容是關於較短或不那麼正式的演說。即便你的職業不像我一樣是老師，不會有人要求你發表正式演講，你還是可能不時遇上某些場合需要對聽眾發表一定長度的談話，例如商務會議、政治集會、員工會議、對社團成員說話、甚至在晚宴上對賓客發言。

如果你的目標是學習這類場合的演說技巧，我針對正式演講所提供的建議或許太過詳盡，但你可以因應不同場合調整或刪減，依你所處的情境來斟酌採納這些指引。

我很早就注意到，就「演講／講授」（lecture）一詞的原始意義而言，講授者（lecturer）最初是讀者的意思。語言流通到今天，雖然講授的意義主要以口語呈現，但它與寫作的關聯性更高。無論採用完整講稿或零散的筆記形式，演講內容常常是預先書寫成文，有時演講的內容可能直接由某篇文章演變而來。

然而，寫作與說話這兩種表達形式截然不同，擁有高明的寫作能力，未必代表擁有高明的口語能力。事實上，還經常出現相反的情況。

說與寫這兩種表達形式都包含了述說（telling）的成分，而述說多半指的就是教導（雖然除了述說，還有其他種類的教學形式）。當我告訴你我的所知、所想或我所理解的，同時意圖引導你的心靈，我就是在教導你。這是推銷談話與教育性演說之間最根本的差異。

世上有各種不同的談話，例如在托兒所大量出現的兒語、晚宴的寒暄閒談等，其中兩種基本形式是我們所關注的「說服性演說」與「教育性演說」。這兩種演說在本質上不同，一種的目的是影響聽者的行動或感受，另一種則希望影響聽者的心靈，但兩者都牽涉到說服。

有人會想，以講授的形式教學，目標應該要放在使聽眾打從心底信服講者所述，而非只是靠勸說造成他們心靈層面的衝擊。若是如此，講者所述內容必須具有一定程度的真實性，但除了數學或精密科學，很少有什麼內容可以達到這麼高的真實性。倘若說話的目的在於使聽者堅信特定命題的真理，那麼只需條理清晰又符合邏輯就足以產生效果，毋須考量修辭。這種時候，同樣的內容用寫的或用說的，幾乎沒有差異。

因此，我們關注的主要是另一種口語表達，它意圖創造一種較為中庸的結果，也就是說服聽者的內心思想。這種表達方式並非要求聽者完全堅信，而是使聽者排除合理懷疑，或以證據或推理來證明某觀點優於其他觀點。在這類談話中，只有清晰的邏輯還不夠，而必須留意修辭層面——以說和寫表達相同內容時，兩者間的重大差異就在於修辭程度的不同。

就像「推銷談話」可以用來涵蓋所有**實用性說服**的形式（包括政治辯論、教會佈道、法律辯證、商業談判、儀式頌詞，以及商品銷售等），「演講」一詞也可以用來涵蓋所有的教學性說服，目標是在思想面或理論面造成影響，而非達到實際的結果。也就是說，它希望造成心靈層面的改變，而非改變對方的感覺，或督促對方做出特定行為。

我已經先排除了數學或精密科學領域的那種教學，所以可以說，並非所有教學都企圖使人堅信特定的原理或論斷。在此，我也排除掉目的只在傳達訊息的話語，這類口語表達只要文法正確並掌控節奏，讓聽者可以吸收細節，無須靠清晰的邏輯或修辭技巧就能奏效。而由於講者提供的資訊會由聽者的記憶吸收，文字的傳達效果通常會比口語好。就算出於某種原因必須用口語傳達，也應該搭配書面文字，提供聽者反覆閱讀，確保對方記住。

排除以上口語表達的類型後，還剩下什麼呢？第一種是學校課堂上五十分鐘的談話，這種談話可能會、也可能不會被聽眾打斷。第二種我稱為「正式演講」，有別於五十分鐘的課堂，它在演講廳舉辦，演說對象可多可少，而且過程中不會受到打擾。有些演講在教育機構中的演講廳舉辦，僅限該校學生參加，也有些演講在公共演講廳舉辦，開放給一般大眾。

儘管「演說」一詞最常用來指稱上述兩種類型，但教育性演說的範圍還不只如此。教堂牧師的佈道或宗教集會也是一種教導，講者可能在過程中評論或解釋一段聖經文字。當然，如果佈道過程包含了實用性說服，旨在改變聽眾的意願或行為，那麼它就屬於雄辯的性質；如果佈道目的是為增進聽眾理解，就屬於講述的性質。

除了課堂談話、正式演講和講述性佈道，教育性演說也可能出現在商業世界。在一場企業主管會議中，執行長或出席者都可能藉由演說來傳遞業界的最新訊息、分析待決的問題，或是刺激與會者思考公司的運作方式。

軍事幕僚會議中，長官也可能基於上述三種商務會議的目的而發表演說。儘管教室、演講廳、教堂、商務和軍事會議之間存在著明顯差異，但在這些場合進行演講都有一個共通點，那就是它們都涉及教育性述說，也就是讓聽眾知曉更多事、增進對事物的理解，或刺激他們以新的方式思考，影響他們的心靈。

還有其他種類的教育性演說嗎？有的，教育性演說也可能發生在晚宴或客廳這類場合，因為某位賓客身分特殊又具有公認的專才，於是在主人的邀請下對在場賓客發言。

在所有種類中，我想暫時聚焦在一種特定、以述說來進行的教育性演說，這種演說過程不會中斷，在講者結束演說前，聽眾皆保持沉默。

我這麼做的原因，是我希望在本書「第三部」的內容中，探討講座或演說中沉默聆聽的聽眾該做些什麼，才能使得聆聽具備效益。而我將雙向談話留到「第四部」來說明，我所指的雙向談話不單是講者與聽者雙方互相問答，也包括這種時刻：正在進行教育性演說的講者停了下來，邀請聽眾發問。

前述內容不僅針對演講，也適用於推銷談話。推銷談話可能維持一段時間（通常只會進行一小段時間以講求效率）不被中斷，之後就應該馬上進入提問。首先由帶有目的性的說服者發問，然後由其他人發問。這樣一來，在不中斷的演說之後，就會發生類似對話或討論的過程。

2

聽比讀困難，講授也比寫作更難，這兩者背後的原因都相同。因為聽與說的時間有限，而且一旦開始就不能重來。我們可以回頭去看已經寫下或讀過的東西，花大量時間精益求精。但一場演講中，聽眾必須抓住飛逝的話語，如果注意力渙散或無法持續專注，一旦錯失講者的話語，那些內容將一去不返。

所以，進行「不中斷演說」的講者必須想盡辦法維持聽眾注意力。在一堂課或一場演講的有限時間內，好好安排內容段落，讓聽眾能夠輕鬆跟上。當講解內容從某個要點跳到另一個要點時，還能將前段內容謹記於心。

正因不中斷的演說及靜默聆聽比讀與寫更困難，所以在教育性演說之後，緊接著進行雙向談話，才能提高聽與說的效益，這是一種透過對話或討論、提問與回答，讓講者與聽者雙方都能主動投入交流的座談形式。

不管原因為何，假如演說中實在找不到機會和聽者進行交流，我強烈建議講者提供演說內容的書面文字，幫助聽眾克服聆聽的困難。這麼一來，當聆聽過程有所缺漏又無法進行討論時，靠文字閱讀就可以彌補不足。

一旦沒有透過討論來補強演說效果，講者就無法確認聽眾已經吸收並受到觸動；或是，如果沒有藉由文字來補足聆聽的效果，那麼演講就會淪為一種最無效的教學形式，差不多只等於把講者的筆記以更加破碎的狀態傳遞給聽眾，卻沒有進入任何聽眾心中。唯一可能受到影響的是聽眾的記憶，但即便如此，聽到的內容也只會形成非常模糊、甚至扭曲的印象。

這種情況在一般學校規定的五十分鐘課堂中很常發生。歐洲大學和美國學校的體制很不一樣，正式演講在歐洲是一種常態的教學方式。講師會大費周章準備一場演講，絕少像美國老師在五十分鐘的課堂上一遍又一遍地重複教學。五十分鐘的課堂內容很少值得化為文字出版，但一系列歐洲風格的正式演講卻往往能在發表後改寫為書本中的章節，正式出版。

我想分享一個加州大學邀請法蘭西學院的吉爾森（Etienne Gilson）教授進駐該校的故事。吉爾森是思想史領域的傑出人物，更是一位了不起的哲學家。當時加州大學以高額酬金邀請他到柏克萊擔任訪問學者。吉爾森從未獲得這麼豐厚的酬勞，忍不住詢問加州大學的主管機關期待他做些什麼，以評估是否該接受邀請。

他收到了回覆。他們期待他每週講十二堂課，這是加州大學講師的基本開課量。然而，對吉爾森來說，他絕不可能滿足這份期待。他回覆，他在法蘭西學院從未在一週內講超過一堂課，而且通常是兩週內不超過一堂課。他就是得花費這麼多的時間準備每堂課的內容。

誰能在一週內準備十二場演講，而且維持一整個學期？吉爾森教授說：絕不可能。他拒絕了邀請，並說明通常他結束一系列正式演講後，授課內容就會結集成書出版。他建議加州大學，與其邀請他到柏克萊授課，不如買他的書給學生閱讀，還比較省錢。

3

我在前文提到，把資訊傳遞給渴求訊息的聽眾不需邏輯或修辭技巧，只需要以穩定的節奏及音量說話，讓聽眾清楚接收訊息。呈現細節時應該有條有理，這樣當這些資訊彼此間有關聯性，聽眾自然而然能從某個要點連結到另一個要點。

假如講授是為了教導數學或精密科學，一定要在講解時符合主題的內部邏輯；有效講授這類主題唯一需要的修辭技巧，就是先確認聽眾已經明白要解決什麼問題，再說明解決問題的方法，並在說明解答步驟時盡可能清楚明瞭。講解這些步驟時也要有條理，步驟間的關聯性才能令人信服。

當然，關於如何提升教學成效，就連在數學和精密科學領域都還有許多東西值得談。例如，教學時若必須以實驗加以佐助，那麼設置實驗器材及進行實驗就能帶來某種程度的表演效果，將更有益於學習。最重要的是，老師對知識的熱忱能引發聽眾的熱忱（儘管對老師來說，教學內容已是老生常談）。一旦缺乏熱忱，不管老師講得多麼清楚、多麼有邏輯，聽來都會像呆板的複誦，學生寧可關上耳朵。

簡言之，一名好的講授者必須具備優秀演員的才華。無論這場演講重複多少次，每次布幕升起，都要讓觀眾感覺正在看一場全新的表演。講者也要表現得好像第一次得知這些內容，以加強聽眾的新鮮感。我建議講者應該把發現新知的那一刻表現得十分戲劇化，吸引聽眾一起投入對真理的探索。因為如果聽眾沒有投入，就很難真正學到東西，充其量只是塞了點東西進入記憶庫，很快就會遺忘。

所有形式的教育性演說都適用上述原則，不過一旦演講內容不限於傳遞訊息或闡釋數學或科學原理，修辭的重要性就提高了許多。我們暫且不論前述兩種傳遞訊息和科學的演說，現在來談談另一種：講者企圖說服聽者心靈，好讓他們接受某種新觀點，或以不同的眼光看待舊思維。

在這種演說中，講者必須考量聽眾的特性。如果一場演講有特定主題、希望達成特定結果，聽眾就不該是隨機的一群人。我常受邀發表主題已經確立的演講，但依我的判斷，那些講題多半不適合主辦單位設定的聽眾。講者必須預先在一定程度上確知聽眾對這場演講的主題感興趣，而且可以基於聽眾的背景，進一步擴展他們對該主題的興趣。

除了對演講主題有基本的接受度，講者還要能精準預測聽眾對該主題普遍抱持什麼樣的觀點。如果聽眾與講者觀點一致，講者的任務就是肯定與強化這些既有觀點，也許進一步擴充看法。這種情況相較於試圖改變聽眾，灌輸他們相反的觀點，要來得容易多了。

想說服聽眾改變想法，放棄他們長時間抱持的觀點，講者必須以溫和又堅定的態度來消除他們的既定成見。存在已久的偏見是說服過程的絆腳石。展開積極說服前，一定要先移除這些絆腳石。去除了偏見，才能使聽眾打開心胸，接受相反的觀點。

要達到這個高難度目標，考量聽眾的心理狀態及其與演講主題的關聯還不夠，也必須思考他們的心理狀態和你「個人」的關聯。你的聽眾也許對你抱持著偏見或存疑，構成了說服的障礙，這點必須先排除，才能開始正面說服。雖然品格的重要性在推銷談話中更為鮮明，但塑造出自身的品格，讓聽眾對你產生好印象，也在演講中扮演著重要的關鍵。

假如你無法在演說開始前就把你的特質或能力傳達給聽眾，讓他們對你產生好印象，那麼你就得盡一切努力建立起自己談論該演講主題的威信。

當然，如果有人在活動預告或介紹你出場時幫你預先建立起品格（資歷），那會比較理想，但太過依賴這件事絕不保險。根據我的經驗，其他人不是做得不夠，就是做得不適當，然後你還得去修正，以建立更為貼近真實的形象。

我永遠不會忘記某次經驗中，我被樹立了與我真實形象完全相反的品格，幾乎使得已經確定講題的演說無法進行下去。又有一次，愛爾蘭小說家奧弗拉赫蒂（Liam O'Flaherty）原本排定在芝加哥郊區舉辦一場演講，主題是愛爾蘭生活及愛爾蘭文學。除夕夜的狂歡讓他沒能在一月三日按原訂計畫現身，我在最後一刻接獲主辦單位邀請代替他擔任講師。當時的理解，是要我談美國教育的現況。

在我開始演講前，有人先介紹了我的背景，告訴聽眾我並非奧弗拉赫蒂，此次講題也不是愛爾蘭生活及愛爾蘭文學，而是教育。到目前為止一切尚可，但我和那位介紹我的主持人都沒有料到，演講開始後，許多遲到的聽眾陸續入場，而且因為只有前排座位還空著，他們都坐到前排來了。會場燈光昏暗，我能清楚看見的只有他們的臉和眼睛，他們臉上困惑不解的表情越來越干擾我，讓我不得不停下來解釋我是誰、為什麼我在這裡，以及我要談些什麼，之後才能繼續演說。

4

除了用你的品格來打開聽眾的雙耳，讓他們產生共鳴；演講及推銷時也必須運用情感元素來提高說服的效果。我在前文已說明過如何在數學和精密科學領域的演講上運用情感元素——只要戲劇化地傳達對知識的熱忱，使聽眾也產生相同的熱忱。不過，當演講主題超出這些領域，就需要更多的方法。

在實用性說服的演說中，你應該試著激發聽眾的反應，讓這種反應有利於你的目標。應該說，不只激發他們的情緒，更要引導情緒流動，朝你期待的方向發展。然而，教育性演說不具有實用性目標，而是理論性目標，因此控制情感的方式有所不同。

首先，你必須把自己的情緒帶入，盡可能展現你對這個觀點抱有情感。淡漠的表現肯定會成為致命傷。倘若你沒有用熱情為你的觀點加溫，聽眾很難對你的觀點產生興趣，甚至不會願意聽你分享。

你的熱情可以展現在敘述你要討論的問題、談論你想到的解決方案、你所主張的解決方式等層面。無論清晰度、說服力和條理分明的技巧多麼重要，要說服別人，這些都還不夠。你在經過審慎思考後公開演說的內容，一定要同時兼顧理性與感性。聽眾的心需要同時受到指引與感動，而你誘發的情緒就是感動聽眾的必備條件。

當你論述的內容越抽象，離日常經驗越遠，聽眾越會覺得很「學術」，那麼，你就必須幫助聽眾克服困難，跟上你的演講內容。怎麼做？說來奇怪，這得靠更加外放地運用肢體動作。

我的意思是，將身體能量投入聲音中，呈現在身體的姿態裡，以及你的頭、軀體和手臂的動作上。基於某種原因，以肢體動作投入演說的樣子、說話時身體能量的擴展，都能彌補概念太過抽象又遠離日常經驗的演說內容。

在黑板上畫出概念圖或其他類似作用的圖像，都會有幫助。你可以在說話時用手指著某個東西，對這個東西比劃。如果沒有物件輔助，也可以單純靠著揮舞雙手，或在空氣中畫圖來補救。

「左邊這端，」你可能這麼說，「是一種極端觀點，我認為它站不住腳。而右邊這端，」你的手比向另一方，「是與左邊相反的極端觀點，同樣也站不住腳。但在這中間，在這兩者之間，」現在你的手在中央上下揮動，「是中庸的觀點，將兩個極端觀點中真實的那一半調和在一起。」你可以用雙手比向左邊、右邊和中央，來評估與比較三種觀點，帶領聽眾持續思考。

還有一種類似的方式，是當你講到一連串希望聽眾牢記的重點時，以手勢引起聽眾的注意。「第一點……」你邊說邊舉起手比一，「然後是第二點……」此時你以類似的手勢比二，以此類推。

搭配身體姿勢的同時，你的聲調也需要隨之調整，講到重點時提高音調，轉到另一個重點時，音調跟著下降。

即便受過充分的學校教育，對多數人而言，要光憑想像、在沒有生動畫面與具體實例下思考都非常困難。但是，思考任何重要主題或任何牽涉基本概念的主題，都無法避免抽象性，而且往往是「非常」抽象。不止憑空思考這類主題很困難，更糟的是，有時訴諸想像和具體實例後，不但沒有釐清概念，反而更加模糊，造成扭曲或混淆。因此，你必須將聽眾的心智引導到超越他們想像力的抽象高度。

5

我擁有超過五十年的演講經驗，我在其中學到一課——無論主題為何，千萬別因為小看聽眾而降低演講的深度；這麼做一定會收到反效果。試想，如果你講的內容，聽眾都已經明白，那麼他們何必花力氣聽你說呢？

所以，永遠都別怕對聽眾談論高難度的內容！藉由演說中的熱情、身體的能量及透過肢體展現出對抽象主題的投入，就能帶領聽眾開拓心靈，獲得前所未有的洞見。即便你說的某些內容超出聽眾的理解範圍也無傷大雅，寧可讓他們感覺自己在努力後得到啟發，也不要讓他們呆坐在那裡，因為講師小看聽眾、表現出高高在上的態度而感到受辱。

我曾一再強調，世界上真正偉大的著作可說少之又少，這些著作的深度始終超出世人的理解。正因如此，它們值得我們永無止盡地反覆閱讀，每讀一次又能學到更多東西。每學到一些新東西，就代表心靈成長之路再度往前邁進；遇到先前不懂的東西，在努力下多了一些理解，也代表往前邁進了一步。

既然我們著眼於擴展對事物的理解，那麼任何一本書只要能達成這個目的，對你來說都是一本好書，就算對別人來說未必如此。這個道理在閱讀上適用，在聽演講上也適用。只有能夠幫助人增廣見聞並拓展理解的演講，才算有益心智。

我強烈建議，演講難度要超出聽眾的理解範圍，不過，這個策略必須留意兩個面向。其一，精確評估聽眾的程度，以免超出他們可掌握的程度太遠，讓他們再怎麼努力都聽不懂。

先牢記這點，接著確認聽眾已經掌握了足夠的背景知識，如此一來，他們已經理解的部分會提供穩固的立足點，作為拓展心智的基礎，這能鼓勵他們更加努力。

品格與情感在推銷談話與演講中分別扮演不同的角色，論理也是如此。在推銷或其他形式的實用性說服中，論理越簡略越好，很多時候可以省略到沒有人注意到的程度；相反的，一場好的演講或教育性演說應該包含較長的論述，而且非常明確地說明推論步驟，將論理的部分講清楚說明白。

論理時應反覆說明，不必刻意避免重複。用不同的方式反覆講述同一個重點，將能提高論理的效果。有時，講者需要闡述並延伸說明某個論點，那麼在那之後，應緊接著提供一段簡潔的摘要，將訊息濃縮為簡要的句子，這就是「總而言之」的作用。

6

在教育性演說和說服性演說中，還有另外兩個層面的考量，那就是**排序**（taxis）和**辭彙**（lexis）。

排序關乎演說內容的組織，也就是以下三個部分是否有條理：第一部分是開場白、開頭或序言，第二部分是演說的正文；第三部分是結語、結尾或結論。

在多數推銷談話中，開場白的目標是先建立講者的品格，接著展現情感，論理則留到最後才展現。推銷談話的結構較簡單，若內容篇幅適切且簡短就更是如此。當然，若推銷談話的內容結構太過複雜又冗長，往往無法達到目的。

許多政治演說都犯了這個錯誤。史上最好的演說中，有些講稿讀來十分精采，卻幾乎讓人聽不下去；林肯著名的「蓋茲堡演說」（Gettysburg Address）除外。

當聽眾的目的是「學習」，那麼演說內容就可以長一些，結構也複雜一些。其中，序言部分應簡略呈現演說的全貌，說明這場演講是由三、四個段落所構成，讓聽眾預先得知將會聽到什麼。這份預期會使他們聽得更仔細，也更能緊跟著講者的步伐。就好像在一場旅程的起點就拿到了地圖或航海圖，在演說進行的過程中，可以不時檢視現在走到哪個階段。

演講的開場白或序言還得達成另一個目標，講者應確保他所使用的語言及說話方式能抓住聽眾的注意力。演講中難免出現某些時刻，講者躊躇著不知該怎麼表達，或某些句子聽起來不甚完整，這些情況都不少見，但至少在演講的開頭階段，絕不能結結巴巴。

在演講一開始，說話必須大聲而清楚，語句簡潔有力，不能有一絲一毫的猶疑，也不能回頭修正剛才說過的話。這種說話方式不但可以吸引聽眾注意，也能為後續的演說定調，建立明確的節奏。

演說的正文應該安排好順序，內容間必須有所關聯，而且依照開場白的預告來進行。聽眾在開場時就已經被預告講者計畫說些什麼、講述的順序，以及重點之間如何串連。講者在開頭說明演講大綱後，就要盡可能依循大綱執行。

演說的正文若是由幾個部分組成，好比說有三個部分，那麼每個部分結束時都應該摘要作結，並且連接到下一段。講者或許有必要重複說明，幫助聽眾分辨他們先前和現在的狀態，以及將要往哪些內容前進。

寫作時要避免重複，因為如果某個重點曾被提及、卻沒有解釋清楚，讀者可以回到前文重新理解，翻新記憶。不過這樣的作法，在聽演說時行不通。正因聽者無法回頭重聽剛才講者說過的內容，所以重複說明是必要的。演說是一個持續進行的過程，如果聽眾必須記得先前的內容才能理解後來的重點，那麼講者就需要重複說明。

演講的結語應該簡短。冗長囉嗦的結語會使得效果大打折扣，因此要以最短的篇幅、最清楚的方式來為整場演說做總結。結語必須像開場白一樣結構嚴謹又富含力量。用緩慢的語速、自信的音調，並借助情緒的推波助瀾，向聽眾傳達出對他們來說如此重要的理念與訊息。

關於演講長度，容我多說幾句。對聽眾來說，三十分鐘到一個小時是最舒適的長度。當然，有些講題涵蓋的內容非常多，那就需要花上更長的時間。這時應該找個適合的時間點讓聽眾稍事休息，再繼續講到結束。

我發現有一種方式很有幫助。假如一場演講在正常語速下需要花費一小時又二十分鐘，你可以預先宣布，講完第三個重點、大約五十分鐘之後我們會休息片刻，然後在最後三十分鐘繼續講完剩下的內容。到了休息時間，你甚至可以邀請聽眾原地起立，做幾次深呼吸並伸展身軀，然後再請他們坐下聽完未竟的演說。

最後一個考量的重點是**辭彙**。這裡指的是演講所用的語言或文字的表達方式。也就是如何選擇字詞，並且避免含糊其詞。或者，假如使用某些字詞時無法避免一定程度的模糊，就得幫助聽眾區辨相關詞彙之間的差異。

演講中使用的語彙要經過精心挑選，和觀眾使用的語言大致相符。只要大致就好，不可能達到百分之百，因為講者很可能需要介紹一些日常對話中不會出現的專門用語。專業術語的數量應該減至最少，而且如果某些字詞對聽眾來說比較特別，或者不屬於一般日常用語，那麼就該請他們留意，並仔細解釋這些字詞的涵義。

有時候，講授者不得不以特別的方式使用某些常見字詞，甚至極端偏離日常用法。那麼除非他盡可能幫助聽眾察覺到這些特殊用法（例如再三提醒），否則聽眾很容易混淆。

藉由講述說來教學時（尤其對象是一般大眾），在語言的表達上，首要規則或許就是盡量少用專業術語或專有名詞，也要降低以特殊用法表達常見字詞的機會，盡量避免艱澀的術語和高深的語言。

其他關於表達方式的規則，可以從兩方面來概括。一方面，演講中的語言和結構應該清楚明瞭，但不致單調乏味；另一方面，講者的語言要具備一定程度的高雅，在水準之上，但也不能模糊難懂。這些規則說來容易，實行起來卻非常困難。

第六章　準備與發表演說

準備演講的筆記有兩種形式可供選擇。你可以將要說的話擬成大綱，寫下標題式文字，而非一整個完整句子或段落。或者，你可以將演說內容寫成散文式的段落，那麼，這份筆記看起來就會像一篇隨時能夠發表的文章。

1

世界上只有一種演說無法預先準備，那就是在毫無預期的情況下，晚宴上有人敬酒致詞，點名你現場演說。這時你必須仰賴機智——除了機智，還是機智。幸好可以肯定的是，人們在這種場合比較欣賞簡潔的演說，也不期待聽到什麼智慧之言，因此只要你的發言切題，極為簡短也無妨。

只要事先了解演說對象的特性並熟悉講題，有些講者對於即席演講這件事可說充滿自信。少數天才能夠不做筆記，就在演說中展現紮實的內容、完美的形式與高明的修辭；但除了這些天才，我們普通人最好都在演說前細心準備。

我認識幾位這樣的天才，包括英國經濟學家芭芭拉．沃德（Barbara Ward）、美國政治家阿德萊．史蒂文森（Adlai Stevenson），以及美國詩人馬克．范．多倫（Mark Van Doren）。他們的即興演說深具力量，口若懸河又面面俱到，從他們口中流瀉而出的語句和段落就好像莫札特創作的協奏曲和交響樂那般動人。我不知道他們在開口前做了哪些準備，或者如何在心中擬定演說內容。不過他們怎麼辦到的不是重點，因為這種特異的天才完全不需要本章內容的幫助。

在許多人的印象中，邱吉爾（Winston Churchill）也屬於這類天才。我在第二次世界大戰開打時從廣播中聽到他的演說，我以敬畏的心情聆聽那組織精美的演講。他雄辯滔滔，中間穿插一些遲疑與停頓的時刻，顯示出一些即興的成分。有好些瞬間，他顯然正在尋找合適的字眼。我後來得知，事實上那段演說通篇為事先擬稿，他採取了非常巧妙的表達方式，為演說賦予了即席表演的特性。

我在本章會提供一些建議，目的就是讓你在演說中可以達到那種效果。遵循這些建議並不能把你變成邱吉爾，因為他可謂獨樹一幟的天才。不過，這些建議能讓任何人在演講時多少創造一些邱吉爾式的效果。

我的建議都立基於以書寫來為演說做準備，以某種形式把你想說的寫下來，因此首先必須明白一件事：為了讓別人閱讀而寫下的文字，和為了讓別人聆聽而寫下的文字，兩者有極大的差異。聆聽需要聽眾持續跟著言語之流前進，無法逆轉，而閱讀則允許讀者按自己的步調進行，在翻頁間隨心所欲超前或回頭。

撰寫公開的文章或書籍時，作者心中當然多少也會預想讀者的樣貌，但很少會像講者那樣，在演說前想像那些即將面對面的聽眾的確切模樣。此外，閱讀文字不像聽一場動人的演說，內容會伴隨著講者的肢體動作、臉部表情、聲音的抑揚頓挫和長短不一的停頓，以及其他小細節一併呈現。因此，當寫作的目的是提供閱讀，就得透過其他方式來達到效果。但是，書寫一份講稿時，你必須考量如何運用演說中的非口語訊息來增添效果，從這方面進行構思。

除了前述那些天才，我們一般人應該能迅速意識到以筆記準備演講的好處。閱讀一篇文章或一本書，不見得非得一口氣讀完，所以文章和書籍篇幅的長度沒有限制。但是，一場演說卻必須在有限的時間內完成。你可能預先知道自己的發言時間為半小時，有時或許可以講上更長的時間。無論哪種情況，你都要想辦法吸引聽眾的注意力。

希特勒、墨索里尼和史達林的演說都遠遠超出一般人能專注聆聽的時間長度，但那是因為他們不是別人，他們擁有一群為他們著迷的聽眾。愛爾蘭政治家艾德蒙・伯克（Edmund Burke）也曾在國會發表超過一小時的偉大演講，但後人記得的只有當伯克起身演說時，議會中的成員陸續離場，最後現場空無一人。他的演講原本意在供人聆聽，最後只成為閱讀的素材。當然了，或許他早已預料有此結果，本就計畫如此。

2

我要再次強調，本章針對準備與發表演說技巧的提醒，對象是我們這些一般大眾。我們有半小時或一小時來吸引並維持聽眾的注意力，然後才能進一步運用聽眾的專注力，幫助他們以正確順序理解演說的內容。如果有哪位講者以為可以不在乎時間限制，那麼他恐怕要遭殃了。我從一段既悲傷又好笑的親身經歷中學到了這個教訓。

我在一九三七年從芝加哥大學到馬里蘭州安納波利斯（Annapolis）的聖約翰學院，為他們第一年開設的新學程講授十堂課，主題是亞里斯多德哲學，課堂上都是矢志閱讀偉大著作的學生。我犯了個錯誤，我以為他們對這個主題一定非常感興趣，因此為了在每堂課完整地陳述主題，我可以想講多久就講多久。我為每場講座預先寫稿，結果每堂課都花了兩個小時以上，說話速度還比平常倉促許多。

可憐的學生們默默忍受完全程，心想這場試煉大概是學校設下的新考驗，而這個學程還是他們自願加入的。終於，他們發現實情並非如此，沒有人希望他們承受如此巨大的痛苦。隔年，我再度前往聖約翰學院講授另一系列的課程，這次，他們千方百計要讓我每小時暫停休息一次。

一九三八年，在我的第一堂課開始後的一小時——晚上九點十五分，學生們的鬧鐘和藏在演講廳席間的鬧鐘同時鈴聲大作，一秒不差。我等到鈴響結束，繼續講完那堂課。第二次上課，同樣是晚上九點十五分，一個學生關掉總開關，演講廳頓時陷入一片漆黑。我在講台上點亮火柴好看清筆記，照樣把課講完。

最後，我終於搞懂了他們的意思，把課程縮減為合適的長度。那一年之後，我每次在聖約翰學院開課，授課長度都維持在一小時左右。此外，每回上課都會有學生策劃一場幽默的惡作劇（我和他們同樣樂在其中），就好像某種紀念儀式，紀念過去有位講師犯下錯誤，而聽眾成功糾正了他。

既然講者必須乖乖遵守演講的時間限制，不難看出預先準備演講筆記的道理何在。沒有預備的演說必定淪為一場漫談，尤其如果講者對講題知之甚詳，更可能不由自主地嚴重超時。當我用「漫談」一詞，指的是放任自己離題，給其他話題的時間超出了應有的長度，而那是安排得宜的演說中絕不會發生的情況。

想在整場演說中分配好時間，而且確保各部分內容比例適當，就必須仔細規劃演講的組織結構，把大綱寫出來，演說時放在講台上伸手可及之處，就像許多管弦樂團指揮那樣，隨著樂團的演奏翻動前方指揮台上的樂譜。如果有某位指揮家在演奏時完全不需要看譜，通常是因為這位指揮家本身就是作曲者，或是他在音樂記譜方面擁有過人的記憶力。不過，演講和指揮不同，講者既是演說的作曲者，也是演奏者。

如果你已經被我說服，同意在演說或講課前寫下筆記是必要的，你有兩種筆記形式可以選擇。你可以將要說的話擬成大綱，寫下標題式文字，而非一整個完整句子或段落；或者，你可以將演說內容寫成散文式的段落，那麼，這筆記看起來就會像一篇隨時能發表的文章。

學術性團體或學術會議的演說通常採用第二種筆記。講者預先知道要發表演說，而且演說內容將會刊登在之後出版的刊物上。所有參加過這類會議的人都知道這種演說聽來有多麼死氣沉沉，沒什麼人會注意聽講，因為大家都心知肚明就算內容很有價值，之後靠閱讀書面文字會更有幫助。如果演說出自一篇完全書面化的文章，那恐怕幾乎沒有人聽得進去，也通常不值得花費心神專注聆聽。

另一種以書寫準備演講的形式，是用標題式文字寫就的大綱，這種大綱越言簡意賅越好。我第一次對芝加哥大學校友進行「如何閱讀一本書」的演講就是這麼做的。我把筆記寫在一張三乘五吋的卡片上，兩面都寫，放在眼前比對。我在一個小時內，就講完這本書超過三百頁的內容。

那麼，為什麼我沒有建議你用這種言簡意賅的形式為演講做筆記？答案是：只有當講者完全掌握主題，有能力將相關元素整理為井然有序的論述，才適合這種方式。另外，只有當講者經常談論這個主題，腦中滿載著相關字詞和語句，有能力將思想組織成條理清晰又具說服力的說詞，這種筆記形式才會有效。

反之，如果演說主題關係到講者的原創思想；如果講者是首次有系統地以適當的語言表達這些思想；以及，如果講者沒有強大的記憶力可以有效提取語言，在只透過一、兩頁大綱來回憶重點時，往往會講得支支吾吾、結結巴巴——那就最好準備比簡要大綱更多一點的東西在講台上，以備不時之需。

3

那麼，難道一定得回到另一端的選項——寫出整場演說的內容，對著聽眾朗讀（前文中，我才因為那種作法太過死氣沉沉而棄如敝屣），儘管聽眾自己讀講稿的效果會比聽別人朗讀好上許多？在這兩個極端之間，有沒有一個中間選項？我認為有，就是邱吉爾採取的方式。這種作法使他的演說效果非凡，讓預擬講稿的演說就像即興演出一樣。

這個中間選項就是寫下完整的句子（不管是單獨句子或幾句連在一起），將這些句子以大綱形式排列在紙上，佐以適當行距、標示句子間的層級、在句首留下適度的空格。這樣的頁面看起來和寫了連續長篇段落的頁面頗為不同。由於大綱上的行距、層級和句首空格，讓版面不至於擁擠，更因為每一行文字不長，左右留下夠寬的邊界，所以一眼就能看清楚。你在演說時不必猛盯著講稿看，因此，在外人看來就好像演講不需小抄，或只準備簡要重點那般。

假如採取另一種方式，把講稿寫成一串冗長的段落，那麼看起來必定像在朗讀一份手稿，聽眾很難會被感動。而且，當你演講到一半，為了把目光轉向觀眾，視線離開講稿後很容易就找不到原本講到哪個段落，這麼一來難免開始結巴，直到再次找到文字。

我建議的中間選項（以一、兩個句子為基本單位構成大綱，寫下完整講稿）能避免一場演說變得像朗讀，幫助你在初次發表時就完全掌握內容。這個方法也有助於精確掌控時間，因為你會從經驗中獲知一小時的時間約略可以講幾頁大綱，避免發言超時。此外，你可以預先分配各部分的內容確切會佔去多少時間，以免在某些段落離題或節外生枝而花了太多時間，導致無法講完更值得細談的部分。

4

到目前為止，我說明了介於簡要標題式大綱，以及僅供閱讀的完整文章式講稿之間的中間選項，但這還不足以具體說明我的想法。唯一的補強辦法是舉個清楚的例子來闡明。

在本書的**【附錄一】**，你將看到我在「美國神經外科醫師協會」（American Association of Neurological Surgeons）年會上發表的演說。

我受邀擔任年會中「哈維．庫興紀念演說」①的講者。我的主題是「心與腦之間的關係」，討論範圍包含天使、人類與動物，還有機器（被人們視為人工智慧的化身），我認為該主題很適合這個場合。

我曾寫過幾本和該主題密切相關的書，一本是較早期出版的《人類的特殊性及其影響》（*The Difference of Man and the Difference It Makes*），另一本則是較晚近出版的《天使與我們》（*The Angels and Us*）。儘管如此，這個場合與聽眾都十分特殊，迫使我得重新思考演講內容，以期有效傳達我的想法。

因此，我採取先前所說、介於兩種極端方式之間的中間選項。我將想說的話寫成完整的句子，再組織為大綱，於是我可以唸出那些句子，但聽起來不像朗讀。請參考【附錄一】，你會看到怎麼進行這種方式，以及這種方式如何收到我所說的效果。

透過【附錄一】的講綱，你還會學到其他東西。我認為這篇大綱可以示範我在前文闡述的諸多重點，牽涉到我以五個元素「品格、情感、論理、排序和辭彙」在建構一場演講時所扮演的角色——當然前提是講者期待這場演講既具說服力又富有教育性，而且適合聆聽。不過，閱讀這篇講稿時，就沒辦法獲得其他伴隨口語表達而產生的訊息，包括肢體語言、臉部表情、音調的抑揚頓挫和話語中的停頓等。

講到這裡，我還沒提及如何著手準備大綱形式的講稿。我個人的準備步驟如下：首先喚醒記憶，回顧過往對這個主題的思索，找出已經發表在書籍或文章的內容。接著拿出大張黃色筆記紙，標題註明「隨筆」，腦中一出現新點子，就依序寫下，幾乎就像在練習自由聯想。我可能會寫上好幾頁這種隨筆。

下一步是檢視筆記，決定哪些重點彼此相關，以及關聯性為何，好組成演說中的主文。基於這個目的，我在紙上以標題形式寫下演說的大綱會顯示引言包含哪些內容，哪些內容組成演講中的三、四個部分，以及哪些內容要留待結論時再談。

完成上述步驟後，我已經準備好開始寫講稿，方式就是【附錄一】所示範的大綱形式。整份講稿經過謄打，格式變得整齊後，我就可以閱讀這份講稿，或許會於演說前再修改個一兩次。而且，演說過程中通常會讓我想再次修改，然後才將講稿歸檔，以備未

①譯注：哈維．庫興（Harvey Cushing，1869-1939）為美國知名腦神經外科醫師。

來派上用場。

我們永遠能夠從演說經驗中學到東西，而且也絕無法在演說前就預知會學到什麼，這件事總讓我倍感驚奇。你可以從聽眾的回應得知改善演說的方式。在演說現場感受到的不自在，讓你警覺到必須改變某些環節，以使演說過程更為順暢。

聽眾的反應是演說中的重要成分。你只要看到聽眾的眼神或表情，就幾乎立刻能知道他們有沒有聽懂，或者你的演講造成了什麼效果。這類回饋在有效演說中必不可少。

這就是為什麼堅持演講場地必須燈光充足到能看清聽眾的臉孔，絕對是個聰明的作法。大禮堂之類的場地，有時會安排講者站在聚光燈下，聽眾則坐在黑暗中。如果你看不到聽眾，就像在空無一人的大廳裡說話，甚至只能通過直覺來猜測聽眾心裡在想什麼。

勘察演講場地時，還有一些注意事項應謹記在心。演講場地的燈光合適嗎？有沒有高度適中的講台或講桌，燈光是否充足到讓你能看清筆記？擴音設備是否正常，不會發出雜音？演講廳有沒有什麼建築上的特性會影響到演說的音量？

只要有機會，就應預先確認上述事項。如果到最後一刻才發現演講場地的條件不佳，很可能為時已晚，無法補救。

6

還有一點應該放在心上。講者有時在演講前受邀參加晚宴或接受媒體採訪，很可能會被問及稍後即將發表的演說。如果受到記者的誘導，也許你會在演說前就透露了相關內容。這是非常嚴重的問題，講者應該避之唯恐不及。

我建議，在真正站到講台前並開始演說前，應堅決不談論任何關於講題的內容。如果避免不了必須在演講前一個小時參與無關講題的對話，至少要堅持在揭幕前十到十五分鐘安靜獨處。這有助於修復頭腦與喉嚨，提供不久後上台所需的能量。

馬克·吐溫曾在別人邀約演說並詢問價碼時回覆，他希望得到兩百五十元的演說報酬。但是如果要求他在演說前出席晚宴，酬勞就必須加倍。

我目前所談的內容是針對與聽眾面對面的演講，也適用於對著電視螢幕前的觀眾演說，甚至是稍晚才在電視上播出的預錄演說。電視錄影時，提詞機取代了講台上的小抄。如果提詞機用得有技巧，觀眾不會發現，聽來就像未經排練的即興演說，非常具有吸引力。

不管是現場播出或預錄節目，上電視的講者有一項在演講廳無法享有的優勢。他筆直望向攝影機時，可以直接盯住每位電視觀眾的雙眼。當你是聽眾時，有人直視你的眼睛，會比較容易引起你的注意；此時如果你移開目光，也會顯得無禮。然而，在演講廳或大禮堂，無論燈光打得多好，講者都無法直視現場每位聽眾的雙眼。你或許可以聚焦在一個人或一小群人身上，但視線一定四處游移。因此，當講者沒有直視聽眾，聽眾們就可以移開目光。

不過，透過電視發表演說也有個很大的缺點，那就是你在演說時是盲目的。你知道觀眾就在電視那端，卻看不到他們的臉，無法感受他們的存在，沒辦法從他們肢體語言或臉部表情中分辨出他們是漫不經心還是全神貫注。因此，在無從獲得聽眾回饋的情況下演說，要比與聽眾面對面來得困難許多。

第三部

靜默聆聽

第七章　運用心靈之耳

只有當聽者的心靈向外索求，接住了講者心中的意念，才算是主動聆聽。如果只用耳朵接收話語，卻沒有用心理解，往往會導致溝通失敗。一個好的聽者會嚴格地自我要求，在聆聽時保持清醒，並思考關於這場演說，我可以問些什麼？

每個人在年輕時多少都有些不凡的天賦，就是能夠真正聆聽，可以邊聽邊談話。隨著年紀增長，許多人變得疲倦，越來越少聆聽。然而有些人——非常少數的某些人——持續聆聽。但他們最終變得非常老，最後再也不聽了。這真是悲哀。

——葛楚．史坦（Gertrude Stein，美國作家），由桑頓．懷爾德（Thornton Wilder，美國小說家）引述

1

耳朵和眼睛沒有任何相似之處，只除了一個人可以封住雙耳，也能閉上雙眼。有時，眼睛和耳朵會同時關閉，但更常發生的是人們睜著眼睛，卻關起耳朵。假如關上眼睛或耳朵是因為心思轉向其他事物，不再留意眼前的事或聽到的聲音，那也就罷了，因為此時感官所記錄的不過是些無意義的聲音與影像。

聆聽和閱讀都是一種心靈活動，而非耳朵或眼睛的活動。如果心靈沒有投入，就應該稱為「聽」與「看」，而非「聆聽」和「閱讀」。關於聆聽和閱讀，最常出現的誤解就是認為這兩者只是被動地接收訊息，而非主動參與。說和寫不會遭受這樣的誤解，每個人都清楚，說和寫是極為費力的活動，需要專注不懈並付出心力，才能藉此觸及他人心靈。大家也知道，有些人特別擅長寫作和說話，他們的高明技巧來自於留意說與寫的規則並實際應用，最後才熟能生巧。

如同我在《如何閱讀一本書》中所指出的，學習閱讀的第一課，就是閱讀（用心閱讀，而非只用眼睛看）時必須和寫作一樣主動。被動的閱讀幾乎只靠眼睛在活動，心靈沒有參與，那根本不算是閱讀。

某種程度上，被動的閱讀就像只為放鬆或打發時間而看電視，任由螢幕上閃現的影像掠過眼前。這種看電視的習慣為某些年輕人所特有，他們在電視螢幕前耗費數小時，處於一種頭腦昏沉的狀態，結果成了被動的讀者，在翻書時也只能稍微專注一會兒，完全無法注意文字的意義或論述中的結構與指引。

容我重提一個以前用過的比喻。球場上，站在壘包後方的捕手和投手丘上的投手是一樣主動的。同理，在美式足球的達陣區裡接到直傳的球員，也和從球場後端擲出球的球員一樣投入。以上兩個例子中，接球者都需要主動伸出手，動作才算完整。接球與投球同樣積極主動，也需要高度的技巧，儘管兩者使用的技巧不同。若沒有兩種球員彼此互補和協調，這個動作就無法完成。

運用語言溝通也是類似的道理。只有當讀者或聽者敞開心房向外索求，接住了作者或講者心中所想的意念，溝通才算發生。訊息的傳遞以寫下或說出的文字作為媒介，如果我們只用眼睛或耳朵接收文字，卻沒有用心透過文字深入對方的心靈，就無法實現閱讀與聆聽的本質，結果等同溝通失敗，既浪費時間又蒙受損失。

當然，這些錯誤未必總能怪在讀者或聽者頭上。沒能接住暴投並不是捕手的錯。同樣的，有些文字或話語缺乏意義、欠缺連貫性，或是用語令人困惑不解，那麼即便最好的讀者或聽者也束手無策。有些作者或講者表達想法的方式充滿瑕疵，根本不值得費心閱讀或聆聽。

當我談到主動而有效的聆聽需要怎樣的努力與技能，我所預設的是那些值得專注聆聽的話語，而且，在聽者付出心力並運用聆聽技巧達到講者所期待的理解後，終將獲得同等的回報。

到目前為止，我們都可以先忽略推銷談話與演講的差異，無論是目的或表達方式。接下來，我們要討論當有人試圖推銷東西給聽者、希望聽者支持特定的政策或候選人，或試圖影響其管理決策，聽者該如何對這類說服技倆有所提防。針對演講，我們應該討論聽者如何能既受教又具有批判性，作好學習的準備，而非抗拒教導或對內容漠不關心，但也不能未經思索就囫圇吞棗，全盤接受。

2

聆聽的重要性已經獲得普遍的認可。人們也承認在聽、說、讀、寫這四種透過文字溝通的方式中，「聽」是最少人能做到最好的。

只要稍加思考，每個人都會承認，無論他學過多少說、讀、寫方面的技能，他所學到與聆聽相關的技能一定少於前三者。深究原因，有人會說寫作方面的培養在求學生涯中佔有一定比重，而學校教育也多少顧及了說與讀的技巧，但幾乎從來不曾關注聆聽技巧。還有另一種答案（會這麼說的人顯然對聆聽有所誤解）就是：聆聽不過是在別人說話時保持安靜，禮貌可能是必要的，但不見得需要太多技巧。

我們都應該對美國一家生產電子設備的「史派瑞公司」（Sperry Corporation）心存感激，因為這家公司曾發起一項運動，透過廣告和出版，試圖打破人們對「聆聽」普遍的誤解與漠不關心。史派瑞公司也投入大量的時間、經費來發展聆聽教學，因為他們認為欠缺聆聽所導致的溝通不良，是造成公司營運效率不彰和決策錯誤的主要原因。

史派瑞公司出版的員工訓練手冊指出，在四種基本溝通方式中，兒童在發展過程中最先學習的是聽，人的一生中也最常運用聆聽（佔了46%的時間）這個技巧，但學校卻鮮少開設這種課程。

相對的，說話在發展過程中是第二優先學習的，花費了人生中約30%的時間，也幾乎和聆聽一樣鮮少在學校裡被提及。閱讀的學習先於寫作，人一生中閱讀的頻率也高於寫作（寫作僅佔9%的時間，而閱讀佔了15%），但關於閱讀的教學卻少於寫作。

不管上述數據是否準確，可以肯定的是，多數人在說與聽方面的發展遠不如讀與寫。無論中學生或大學生的讀寫水準有多差，他們的口語表達能力甚至還要差上幾倍，而聆聽能力絕對是其中最糟的。

我剛才提到的史派瑞公司的手冊列出了許多干擾或妨礙聆聽的壞習慣。包括把心思放在講者的表達方式，而不留心談話內容；表面上專心聽講，實則放任心思漫遊；從講者身上或演說內容中分心；對某些引起負面情緒的字眼反應過度，於是預設立場把講者說的內容都朝負面解讀；一開始就對主題不感興趣，因此當講者解釋主題的重要性時，完全無法接受；以及最糟的一種——在需要聆聽的場合大作白日夢，完全沒有在聽。

就算我們本身沒有這些壞習慣，也一定在別人身上看過這類現象。為了克服這些習慣，該手冊列出「有效聆聽的十個祕訣」。另外還有少數幾項積極作法的建議，則全都關係到用心聆聽。想當然爾，這就是核心關鍵。然而，只強調聆聽時要主動投入、拒絕讓不相干的情緒遮蔽感知，為聆聽花費的心力必須與演說難度或複雜度相當，這些還不夠。

當然，只建議聽者至少要維持禮貌，並假設講者的內容足夠有趣以及重要到值得聆聽，也是不夠的。就算演說內容終究不如預期，但在演說剛開始時，也請務必保持一顆開放而專注的心，才可能有所收穫。

3

關於積極的聆聽規則，只要確實遵守並應用，就能養成有效聆聽的習慣。那麼，還有什麼可說或必須談的？我的答案是：這些原則基本上都和有效閱讀的原則相同。這應該不令人意外，因為兩種歷程的心靈運作十分相似。

閱讀和聆聽時，接收者（讀者／聽者）都必須穿透作者／講者的話語，接觸文字背後的思想，過程中必須克服語言的障礙。講者或作者所使用的詞彙很少與聽者或讀者的語言完全相同，但不同的詞彙可能代表相同的意思，聽者和讀者必須不斷努力，捕捉其共通意義。聽者需要順應講者，就如同讀者順應作者一樣。我的意思是，不管對方如何表達，都得去探索言語背後的想法。

聽和讀的時候都需要注意哪些句子傳達了重點。並不是所有說出或寫下的字句都很重要，事實上，無論用說的或用寫的，真正重要的論點通常不多。聽者就像讀者一樣，需要在心中偵測並特別留意，以區隔出話語中哪些是真正的重點，而哪些只是填補縫隙、連接上下文，用以解釋脈絡的言論。

一場演說就像一篇文章，無論篇幅長短都是由許多部分所組成。一場演說如果值得聆聽，其結構和順序一定是清晰而連貫的。因此，聽者就如同讀者一般，必須努力觀察構成整體的各部分之間的關聯與順序。

就像寫作，講者說話時也帶著終極的目標或意圖，掌控了說話內容或表達方式。和讀者相同，聽者越快察覺這個主控演說的目的或意圖，就能越早分辨出哪些部分最重要，而哪些部分沒那麼重要。理解對方要說什麼、認知對方如何表達、留意對方為了說服而提出什麼理由或論點……這些對於有效閱讀來說不可或缺的東西，對有效聆聽也是一樣。此外，不管透過聽或讀理解事情，都要在心中判斷自己的立場是否同意。

有人可能會因為沒有完全理解對方所言，而無法做出同意與否的決定。有人可能希望聽到進一步的論述，因此抱持著保留態度。不管情況為何，具有批判意識的聽者就如同具有批判意識的讀者，應該暫時放下評斷，等待機會深入了解。

4

我在《如何閱讀一本書》中，針對內容或表達方式傑出的書籍，闡述了閱讀的規則。首先是用來分析一本書整體結構的規則。讀者應該要能說出全書主旨為何，以及書中各部分的呈現如何豐富了這本書的意義。

其次是關於詮釋內容的規則。方法包括在作者的概念性語彙中找出關鍵性詞語、辨認作者的主張、辨別作者用以捍衛主張的論述、留意作者在書中解決了什麼問題，以及未解決的問題有哪些。

第三是評論書籍的規則，包括指出作者不知道或誤解了哪些事實、留意作者提出看似有效的前提或假設所導致的推論錯誤，以及觀察作者的分析與論述中不完整的面向。

如前所述，這些規則是提供給閱讀重要著作的讀者來參考，而且這些讀者必須願意為了從閱讀中獲益，而投入大量時間與精力。

然而，無論一場演說多麼有價值、內容多麼廣博，都不可能像一本重要或偉大著作那麼宏大而複雜。相較於書面文字，口語表達有著更多限制，因此閱讀的規則必須簡化，才適用於聆聽。

此外，在閱讀時可以花時間重複閱讀以增進理解，並衡量如何批判性地回應書中的內容。但聆聽不同，它會受到時間限制。我們只有一次機會聽別人說話，而且聆聽的步調取決於對方說話的步調。我們可以在閱讀時不往下翻頁，而選擇重讀之前的頁面；但聆聽時無法要求講者停頓，或請他重複剛才的話。我們可以暫時放下書本思索內容，但無法舉手示意講者暫停，給我們時間琢磨講題的意義。

還有其他原因使得主動聆聽比主動閱讀更加罕見。聆聽時，你的肌肉不需使力，但閱讀時卻得確實把書本拿在手上，這個動作讓讀者至少得表現得像在進行某種活動。聆聽時，你可以完全處於被動狀態，閉上眼睛也關上心房，依然假裝自己正在聆聽；但閱讀時則必須至少展現出閱讀的樣子。

聽與讀之間的這些差異不只解釋了為什麼有效聆聽比有效閱讀困難許多，也說明了我們需要一套更簡單的規則來遵循，以做到用心聆聽。

想當個好讀者，核心要素就是高度的自我要求，他們會在閱讀時藉由提問來保持清醒。被動的讀者只用眼睛看文字，而不用心理解意義，導致閱讀過程空虛又毫無益處。好的聽者則會像好的讀者那樣嚴格自我要求，聆聽時保持清醒，並思考關於這場演說，我可以問些什麼？

我曾整理出高要求的讀者針對「值得用心閱讀的文字」（用心閱讀是指為了獲益或樂趣，而非只為打發時間或助眠）可以提出的四大問題。現在，我試著將這些問題改為聆聽演說的版本。

比起閱讀一本書，聆聽演說或其他形式的談話所需的時間，更接近閱讀一篇文章。演說就像一篇散文，整體上較為簡短單純，組織架構也沒那麼複雜。因此，我建議聽眾提出的問題，就比建議讀者的要簡單一些：

一、**整體而言，這場演說在講些什麼？**講者到底想說什麼？他用什麼方式說？二、**演說的主要想法或核心概念、結論與論點為何？**講者以哪些特殊用語表達這些想法、陳述結論與論點？三、**講者的結論有無道理或錯誤？**他的論點是否充分支持了結論，或在某些層面不夠有力？講者的立論周全嗎？或者有些東西與主旨相關卻沒有提及？**四、所以呢？**根據講者的結論，將導向什麼結果？這個結果對我有何意義或重要性？

聆聽時，把這些問題放在心上並非不可能，但多數人會發現根本無法邊聽演講邊回答問題。不過，在演說結束後，回想聽到的內容並回答問題卻是不可或缺的。假如無法在演說過程中思考問題，那麼一定要在回顧內容時找到答案。

不管是閱讀一本厚重的書，或純粹欣賞一篇短文，不只要投入最高程度的專注和用心，通常還需要一枝筆在書上做記號，在書頁邊緣或底端加上註解，或在桌上的書本旁放一張紙，隨手寫下筆記。

由於聆聽演說或其他形式的口語表達在本質上比讀書或文章更難，聆聽時更需要準備好紙跟筆。有技巧的聆聽關係到做筆記的技巧，做筆記的時間點包含了演說進行中，以及演說完畢後的回顧思考。此時，應該再寫一份新的筆記，記下所聽到的內容及感想，而且應該要寫得比原版更好。

我在《如何閱讀一本書》中坦言，多數人閱讀的方式都不夠好，如果每個人都相信閱讀能帶來很多好處，那我想任何人都會願意卯足全力發揮優秀的閱讀力。以下說明我的想法：

在某些特別的原因下，就連對知識不感興趣的學生也會認真閱讀。例如，專家可能在閱讀大部分讀物時，就像一般人一樣粗淺略過，不過一旦讀到與自己專精領域相關的內容，尤其讀完後所說的話會關係到自己的名聲，他們就會細讀。一位律師在讀到和自身工作相關的案例就會仔細分析；醫生在臨床報告中讀到曾經特別關注的症狀，也是一樣認真；就連商人在檢視財務報表或合約時，那種專注投入的態度，可說完全不輸學者……但這些人在閱讀其他與自身無關的東西時，八成不會這麼費神。

撇開專業或職業不談，如果我們只考量一般情況，我發現在一種情況下，每個人都會努力超越平時的閱讀水準，那就是當人們陷入愛河，在閱讀情書時。

沉醉在戀愛中的人以三種不同方式細讀情書中的每個字，連字裡行間的空隙及頁面的邊界都不放過：他們以信件的各個部分來解讀整體，以整體角度來細讀各部分；他們對信裡的上下文脈絡及語意含糊之處，以及暗示或言外之意都非常敏感，彷彿能感受到每個字的顏色、每個片語的氣味、每個句子的重量，甚至連標點符號都會仔細思量。也許他們從不曾也不會再有這樣的閱讀經驗，但此刻他們真的在閱讀。

上述閱讀的道理運用在聆聽時照樣成立。要舉例說明人在什麼時候會非常敏銳地閱讀（就像閱讀情書那樣）比較困難，不過，要找到一個所有人都會全神貫注、專心聆聽的例子就容易得多。我只要舉個例子，你就能輕易想像其他類似的情況。

你正搭乘飛機翱翔在海洋上方。機師透過廣播說：「我是機長，正由駕駛艙廣播。我們被迫在十二分鐘後緊急降落。我將告訴各位接下來的程序，幫助你們做好準備，請仔細聽。廣播結束後，機艙空服員會走到通道上，你們還有時間問他們問題，請不要驚慌，只要遵照指示就不會受傷或有生命危險。」

難道你在這種時候還不全神貫注、確保自己聽懂指示嗎？就算你當下無法專心聽，難道事後還不趕緊向空服員問個仔細，確保得到答案？

第八章 邊寫邊聽

聽講時做的筆記，記錄了你在演講當下用心吸收的內容。而聽完演講之後寫的第二份筆記，便奠基於聆聽過程中的記錄，加上記憶所保留的印象，以及你自身的思路與評論。這份總整理筆記的內容將更有組織，也更為完整。

1

在我所撰寫的書籍中，《如何閱讀一本書》自一九四〇年出版後再版了多次，觸及廣泛的群眾，讀者們對這本書的肯定帶給我莫大的滿足。這本書讓他們在閱讀時獲益良多，也得到更多樂趣，並為他們翻開了偉大著作的書頁，使閱讀成為他們一生的追尋。

在我發表的文章中，一九四一年為《週六評論》（*The Saturday Review*）雜誌所寫的〈如何標記一本書〉（"How to Mark a Book"）一文，最常被收錄於文集或教科書中。

《如何閱讀一本書》旨在強調閱讀時必須隨時保有好奇心，主動投入內容。這不一定需要紙筆才能達成，但若要確保你在閱讀時採取主動，最好的方法還是做筆記，一邊讀，一邊寫——不要躺在床上或坐在扶手椅上讀書，請坐在桌子前讀書。

邊讀書邊做筆記非常有用，值得推薦給每個一不小心就淪為被動閱讀的讀者，但這種方式也並非絕對必要。聽一段簡短的演說時，未必需要做筆記。然而，假如你要聽的演說長度不短，內容又複雜，我強烈建議你帶著紙筆。除非你對記憶力有著過人的信心，否則我建議你做筆記。當然，希望那場演講的內容豐富到值得你花力氣做筆記。

邊聽邊寫是十分具生產力又理想的狀況，邊聽邊說則會產生反效果。邊聽邊寫的筆記記錄了你如何用心吸收聽到的內容。完成這份記錄後，你就可以繼續進行第二個步驟，這對主動聆聽同樣重要。聆聽過程中寫下的記錄，加上記憶所保留的印象，會為思想提供養分。

當你的思路引領你寫下第二份筆記，這些內容將更有組織、更完整，也大大提高了批判性。這份總整理筆記代表你完成了主動聆聽的任務。對於演說中值得關注與評論的部分，你已盡可能用心回應了。

這兩份筆記最大的差異在於，第一份筆記必須順應講者的步調，而第二份則可以自行斟酌要花多少時間。此外，筆記順序取決於講述的順序，但在整理第二份筆記時，你享有完全的自由，可以用任何方式決定順序，只要能有效達成目的——也就是擷取演說內容的要旨，並表達你個人的回應。

有些人為了節省時間，在聽講時同步寫下心得。其實應該等到演說後再寫，因為如果一邊記錄講者說的話，一邊寫下回應，這樣不但會削減記錄的精確性，也無法聽到完整的內容。腦中盤據著自己的心思，很難專注在講者的表達上。

即便你不打算聽完演說再進行反思、寫下第二份筆記，也不要犯下這個錯誤：把聽講的內容和自己的感想在筆記中混雜在一起。只顧著表現自己，而不留心別人的內容是非常糟糕的心態，就像那些希望是自己站在講台上，而不想聽別人說話的聽眾。

我在前文中將「不中斷的演說」分為兩種：一種是說服聽眾做某事或改變他們的感覺，目的在於影響他們的行為；另一種則是增進聽眾的知識、改變他們對事物的理解或思考，目的在於影響心靈。

我用「推銷談話」或說服性演說來稱呼前者，以「演講」或「教育性演說」稱呼後者。不過，請記得我希望用這兩個詞涵蓋最廣的範疇，前者包括政治辯論、商業談判及各種形式的行銷，後者包括各種形式的教學。

面對企圖說服我們以特定方式行動或感受的講者，以及面對企圖改變心靈與影響思想的講者，我們的回應應該要有顯著的差異。因此，我有必要分別討論說服性演說與教育性演說的筆記。我先從後者談起。

2

聽一場教育性演說寫下的筆記，至少要包含以下四種不同的觀察：

一、如果你正在聽一場結構嚴謹而且準備周全、能夠提升聆聽經驗的演說，講者在開場就會告訴你，他打算在這場演說中涵蓋哪些範疇。他會以摘要的方式指出他想傳遞的訊息要旨。假如他是個有條理的講者，甚至可能一開始就告訴你，他將如何在演說中說明這些內容，以及如何以條列方式逐步開展主題，並導向結論，而那正是他希望與你分享的重點。

遇到這種情況，你必須從一開始就做筆記。很多人總是等了太久才下筆，在用心聆聽時顯得慢吞吞又拖拖拉拉，太慢才開始因應講者的步調調整速度，結果往往錯失最值得記錄的部分。

當然，並不是所有講者都善於組織演講內容，也不是所有講者都會開門見山告訴聽眾重點，幫助他們進入狀況。當講者的開場白漫無邊際、雜亂無章，就可以看出這是他的弱項。

倘若如此，你會發現做筆記的工作變得困難。你必須提高警覺，等待講者進入正題的那一刻。你無法阻止講者漫談，但別讓你的心思也跟著漫遊。持續豎起耳朵，直到講者在某些時刻說出值得你聚精會神的重要內容。記下那個部分的筆記。

二、再次強調，假如講者真心希望你理解他所說的，他會明白某些「概念性語彙」（他用來指稱事物的辭彙）可能是他所獨有的，於是會特別請聽眾留意這些術語。

當某個術語首次出現時，他會說：「我以特定方式使用這個詞，是這樣的……」或「請留意，當我用××一詞時，我指的是×××。」無論如何，你都要留意講者要求你注意什麼。不注意講者對特定字詞的用法，你會很容易失去焦點，對理解造成阻礙。雖然這不是致命缺失，卻十分嚴重。

有些粗心大意的講者可能在使用個人語彙時，沒有特別要求你注意那些特殊意義。那麼，你的聆聽工作會因此困難重重，需要花上更大的力氣。你必須努力找出哪些字詞的用法對你來說似乎有些奇怪或陌生，或至少和你的習慣不同。盡可能記下它們，越多越好。

三、當講者在論述過程中逐漸導出結論，並且希望你接受時，如果他對邏輯具有足夠的敏銳度，就會向你說明他的推論建立在哪些前提之上。

對於某部分論述，講者或許沒辦法排除合理的懷疑，或證明此論點絕對屬實，因為演說時間不容許他充分說明所有論述背後的前提。此時，具有邏輯敏銳度的講者會請你暫時接受他的假設，好跟上他的推論。也就是說，先接受這些假設，再看看如何導向他所期望的結論。在筆記中記下這些假設很重要，無論講者有沒有誠實到敢於承認這些前提尚處於假設階段。（在演說現場，假設就只是假設，不是事實或真理的論述，甚至算不上一種原則。）

許多人沒有在演說中清楚說明最初的前提，也沒有請聽眾注意這少數的斷言，卻將之作為整體論證的基礎。他們可能拐彎抹角提到這些假設，或只肯默認而不敢明確坦承。因此，你的任務就是保持警覺，偵測出講者所說的話背後，有哪些是構成論述根基的前提、原則與假設。假如講者沒有開誠佈公，而是將前提隱藏起來，你的聆聽任務就變得更加困難，卻也更加必要。

四、一場演說從開始到結束，會包含推論、引證、與論述形成的過程，有時這些環節會清楚呈現，有時則隱微不顯。這些環節呈現得越清楚，你就越容易記錄推論、證據與論述的過程。不論困難與否，你都必須快速記下講者如何帶你從起點走到結論的過程。

無論講者有無特別強調他想留下什麼結論，或者有沒有盡可能清晰呈現結語的立論基礎，請你務必記下結論，這樣你的聽講筆記才算完整。

你在演說過程中完成了上述四項重點後，聽講筆記就具有某種程度的組織、也經過某種程度的精簡，足以讓你繼續下一個步驟，也就是回顧所聽到的內容，思考並表達你自己的回應。

你不必馬上開始。演說結束後，通常沒有足夠時間或理想的環境進行這項工作。但只要你打算完成這份筆記，就不該拖延太久。趁著你對演說還保有鮮明、豐富且生動的記憶，這份筆記才可以寫得完整，絕對勝過等到你的記憶已經陳舊、破碎又黯淡的時候才動筆。

3

撰寫第二份筆記時，應做到下列事項：

一、首先，無論講者說話有沒有條理，你都應該在紙上盡可能以最有條理的方式寫下整場演說的摘要。你可以從聽講筆記中擷取講者自己說明的摘要，再透過你的記憶來修飾。你的聽講筆記是一種速記，所以可能十分簡短，但當你回顧演說並寫下摘要，應盡量仔細地寫清楚。

如果講者自己準備了條理分明的筆記作為講綱，演說時放在他的面前自我提醒，那麼理想上，你寫的回顧性摘要應該會趨近這份大綱，你的摘要甚至可以等同於短版的演講記錄。就算無法完整呈現演說內容，至少應該精確而公正地呈現講者所說的內容。

二、寫好摘要之後（內容包含講者的最初前提或假設、由他賦予特殊意義的關鍵語彙、他欲達成的結論以及支持結論的證據），你就能針對聽到的內容作出回應。和主動閱讀一本書相同，表達自己的回饋也在主動聆聽的過程中佔有相當的份量。

如果你透徹了解整場演說，也完全同意演說的結論，唯一需要的回應就是一聲：「阿們。」這種案例並非不存在，只是一般情況下很少發生。

1.如果你沒有完全理解整場演說，第一項任務就是寫下你未能理解的部分。為什麼講者這麼說？為什麼他認為自己提出的理由和證據足以支持他的結論？為什麼他難以針對可能出現的反駁提出說明？當他賦予某些字詞特殊的意義，卻沒有對聽眾說明時，那些用語是什麼意思？

2.接著，針對你認為已經足夠理解的重點或內容，陳述同意或不同意什麼。如果你希望對不同意的部分採取特別嚴謹的態度，應指出你不同意的理由。就算同意，若可以留意自己是因為講者提供的理由而贊成，還是基於你自己想到的其他理由而同意，同樣會有幫助。

3.有時，理解了演講內容，未必代表可以判斷自己是否同意。你可能發現講者的某些說詞不足以支持結論，但你也無法提出證據來證實或否定那令人存疑的結論。這種情況下，你應該先擱置判斷。你需要作出更多努力，才能對問題有所回應。

4.還有一種方式可以用來回應所有的演說，無論你同不同意講者的說法，或暫時無法決定同意與否，都一律適用。當講者的結論正確，也有足夠的佐證，你還是可以問：「所以呢？」倘若情況相反，也就是說，講者的結論不正確，而且有足夠證據可以支持與他對立的論點，你照樣可以提出「所以呢？」這個問題。不管是哪種情況，這個最終的提問都會幫助你從整體角度來思考這場演說的意義。

如果你覺得我針對聽講筆記（在演說當下完成）及反思筆記（演說後再寫）所提出的建議似乎太過耗費心力又令人痛苦，你只需要在演說內容足夠豐富又足夠重要時再照著做即可。當然，有許多演說的內容盡是枝微末節，呈現方式雜亂無章，從頭到尾語無倫次，根本不值得細聽，更不值得採取這種需要做筆記的主動聆聽。

應用以上方法時，比較審慎的作法是隨著演講內容、表達方式和重要性逐步調整。聆聽最好的演說時盡最大的努力，而一場沒那麼值得付出心力的演說，你就可以少費點神，至於那些完全不值一聽的演說，根本不用花心思聽講。

不管一場演說多麼重要或精彩，只要長度偏短，你的筆記就要比前文說明的再簡短一些。甚至，聽完短講後，你腦海中記得的內容就足以讓你在演說結束後回溯，並寫下反思筆記，而不必在演說中同步記錄。

4

推銷談話、任何種類的政治辯論、商業宣傳或企業家的建言，目的都是引導你做某件事或產生某種特定感受，抱持著合理程度的抗拒是很重要的。別輕易被說服，但也不必築起心牆，完全不為所動。

比起教育性演說，主動聆聽上述一般性不中斷的演說顯得較不吃力。不過，做點簡短的筆記可能還是有用的。聽這類演說時，通常可以採取提問形式來做筆記，而答案應該會在演說中出現。

一、講者企圖推銷什麼？換句話說，他試圖要我做什麼或產生什麼感受？

二、為什麼講者認為我應該被說服？他提出了哪些理由或事實作為支持？

三、有哪些我認為是重點的部分，講者卻沒有提及？講者如果多說了哪些話就可能讓我動搖，而他卻沒有說出口？

四、演說結束時，有哪些對我來說重要的問題，講者沒有回答——甚至，他連想都沒想過？

針對以上問題，只要講者的任一說法無法令你滿意，使你沒能回答這些問題，或強烈懷疑問題的答案，你就不該被說服。這並不表示你不可能被說服，只是講者一定得多做些什麼，才能消除你對推銷所產生的合理抗拒，將你轉為買家，讓你聽他的話，加入同一國。

根據我的判斷，只靠不中斷的演說很難成功說服他人，通常還必須藉由前文提到的「雙向談話」來補強效果，也就是講者和聽者相互交流，一方提問，另一方回答。問答環節通常在演說結束之後才開始，聽眾的筆記有助於催化這個階段的進行。

展開問答環節之前，講者應該要和說服對象同樣感受到焦慮，並準備好投入對談。在聽眾拋出問題後，他可以透過回答問題來強調重點，幫助聽眾透徹理解。有技巧的回答可以消除聽眾的疑慮並平息反對的聲浪——同時，也要保持誠實！

此外，講者向聽眾提問時，潛藏在背後的抗拒理由可能因此浮出檯面，或者，講者可以幫聽眾提出藏在內心的疑問，接著再給予答案，這些方式都可以提高說服力，處理與化解逐漸成形中、甚至隱而未顯的反對意見。

5

以說服為目的的不中斷演說，和以教學為目的的不中斷演說道理相通。對教育性演說的聽眾而言，問答環節中的雙向談話讓他們有機會解開筆記中浮現的疑問，或提出不同意見，並聽聽講者如何回應。這麼做可能帶來的結果是，聽眾不再持保留態度，或本來不同意的人轉而同意了。當然也可能情況相反。任一種結果都代表聽眾主動聆聽的努力在問答環節中得到了回報。

以教學為目的的講者也能從演說之後的座談或問答環節中有所收穫。如果沒有雙向談話，講者經常無法確定聽眾有沒有好好理解自己說的內容，也無法準確評估演說有沒有達到預期效果。只有透過聽眾拋出的疑問或意見，講者才能糾正聽眾的誤解、重述聽眾漏失的內容，並補充演說中尚未說明的內容。

此外，講者本身可能也希望利用座談或問答來向聽眾提問，目的在於搞清楚聽眾理解的程度，找出聽眾覺得困難、但講者先前沒有考慮到的部分，以及聽眾心裡藏著什麼不贊成的意見。

如果只有不中斷的演說及靜默聆聽，就算講者和聽者都盡力做到最好，要達到溝通目的仍然不容易。也就是說，要讓彼此的心靈交流，無論雙方是否同意彼此的論點，還得享有共同的理解。因此，演說後一定或至少盡可能要接著進行雙向談話，讓聽與說雙方有充分的互動機會。

沒有對話或討論的過程，聽與說就不算圓滿成功。我們在下個部分要將焦點轉向「對話」。首先探討接續在不中斷的演說及靜默聆聽之後的座談——問答環節。

第四部

雙向談話

第九章　問答環節——座談

採取座談討論的形式，能讓講者在演說中學到更多東西。例如哪些詞彙需要更仔細澄清、哪些預設需要更完整解釋、哪些重點需要更深入說明，以及為什麼必須更動某些重點的講述順序。

1

目前為止，我們分別探討了「聽」與「說」，但這兩者原本應該一併討論。寫與讀這兩種活動幾乎總是單獨存在。讀者通常沒辦法直接詢問某書的作者關於這本書的內容意旨，以驗證自己對內容的理解程度；作者也不常有機會藉由讀者的提問，來確認他們讀通了多少。少數書評可以做到這件事，至於讀者的來信回饋，有時也有幫助。

與讀和寫相反，聽和說經常在面對面的交流中相伴發生，講者與聽者輪流進行問答。如同前文所指出的，任何一種演說——不管目的是指導或說服對方以達到實際的目標——如果沒有接續著進行問答活動，就難以達到該有的效果。

從古雅典市集與羅馬廣場（當時的公共事務中心）存在於希臘羅馬時代的政治生活中，就可驗證以上結論。當時的市民不僅聚集在這些開放空間中發表政治言論，也會回應講者，提出問題，並針對講者的答案作進一步的回應。「廣場」一詞自古以來即用以稱呼「講者接受聽眾質問的集會」。

即便在今日這個電視時代，英國的國會候選人也必須登上競選講壇，意思是說，候選人不僅要在公共空間對選民發表長篇大論，也得面對選民的問題攻勢，並且有所回應。國會裡定期有質詢時段，政府官員提出施政報告後，必須面對反對黨的質詢。

在美國，電視的普及讓這類場合變少了，候選人較少面對選民的質問或意見上的挑戰。過去，總統候選人會搭火車巡迴全國，在一個又一個小鎮對著聚集在鐵軌旁的群眾演說，同時回應選民的提問與挑戰。此情此景今日已不復見，我們也因此失去了對候選人及對民眾來說都十分寶貴的某種價值。

就算演講不具有辯論性質、沒有政治目的，那麼在結束後接著進行座談，也一樣能創造許多價值。週日下午的倫敦，有許多人在「海德公園角落」站上肥皂箱，針對各式各樣的理論主題發表演說，從上帝是否存在、靈魂不滅，談到活體解剖的爭議，乃至於以避孕或墮胎來節育的優點。他們總是吸引了不分老幼的大批群眾。這些群眾不只聽臺上的人講話，演說結束時，也會提出尖銳的問題。

在美國雖然沒什麼類似「海德公園角落」的地方，卻有一項悠久的傳統，那就是舉辦公開演講時，宣傳時就會提及該活動包含了問答時段。上世紀末至本世紀初的「肖托夸系列講座」①即為一例。此外，波士頓的福特論壇（Ford Hall Forum）及紐約的庫柏聯盟學院論壇（Cooper Union Forum）也都聚集了一群除了聆聽、更會發問的聽眾，同樣為這項傳統的知名實例。

2

我從二〇年代開始擔任講授者，我的首次授課地點位於紐約的庫柏聯盟學院。當時安排授課及問答時段各佔一半時間——講授一小時後，接續一小時的問答。我想假如沒有安排問答時段，聽眾可能趨近於零。那些聽眾來上課是為了拋出他們所能想到最困難的問題，或提出他們認為可以挑戰講師的反對意見。

正因為如此，他們成為較好的聽眾。他們很快就學到，如果提出的問題或意見顯示出他們沒有專心聽講或誤解了講者說的內容，將會直接受到指正。縱使座談主持人表現得溫文儒雅，也不代表他會放寬標準——他嚴格要求聽眾的問題必須證明他們已經準備好上場打擊，至少人在球場裡，而不是跑到其他地方去了。

一場管控良好的座談不但能增進聆聽品質、測試聽眾的能耐，也讓講者能夠有所學習，而且身為一名講者，沒有其他方式能學到這些東西。在累積了庫柏聯盟學院的講授經驗後，五十年來我接受各式各樣主辦單位的邀請，對各類教育機構的學生進行演說，一次次證明了這樣的座談讓我受益匪淺。

有時因為時間有限或其他環境因素，我無法回答聽眾的問題，或接觸到他們的反對意見，總讓我非常懊惱。單是聽自己說話是學不到任何東西的，而且完全無法得知聽眾是否已經充分理解我所說的，這種失落感幾乎就像在空蕩蕩的大廳裡自言自語。

①譯注：肖托夸（Chautauqua）又稱為肖托夸運動，為美國十九至二十世紀盛行之成人教育課程。

只要演講之後接著進行座談（時間越長越好），我就能對自己的演說有許多新的體認。我學到哪些詞彙需要更仔細澄清、哪些預設需要更完整地解釋、哪些重點需要更深入說明，以及為什麼必須更動某些重點的講述順序。例如，我學到某項論述需要更詳盡地加以解釋，而另一段內容若用更簡潔的方式闡述，將會提升理解效果。

這還不是全部。從聽眾與我相左的看法及所提出的難題中，我了解到我的思想有哪些錯誤或不合宜。當我無法回應聽眾的意見，就代表了演講內容需要進行修正。當我對某些問題的回應無法令人滿意，就代表這場演講還需要增添內容，包括更多論點、更加深入地澄清和說明。

座談中的學習幫助了我的思考，我在第二次演講同樣的主題時，品質一定有所提升，第三、第四次及後續幾次皆是如此，直到我從問答環節獲得的益處已微乎其微。到了那時，我已經能夠確定我對該主題的所思所言，大體上不難被人理解及接受，儘管依然不夠完美，但完美永遠是不可企及的目標。其後，每當有人在演講中提出新問題或出乎意料的意見，都在在提醒我這個事實。

我認為，這種從不斷累積演講與座談經驗中所學到的東西非常寶貴，因此，過去四十年來，我的大部分著作都由演講延伸而來。這些內容歷經講座的考驗，以及我從過程中的學習，再依據與聽眾的對談，在表達方式上繼續精進。

《如何閱讀一本書》是我首次採取這個方法寫書，成果比我早期寫的其他著作好多了，過去的那些著作彷彿是我在寂靜的書房中自言自語。在我坐下來寫出《如何閱讀一本書》之前，有超過一整年的時間，我對著不同族群的聽眾發表關於閱讀技藝的演講。那場演講經過多次修改，修正並擴充了內容。我為演講準備的小抄及筆記累積成一份檔案，最後創造出這本書，成功觸及廣大的讀者，這鼓勵了我繼續採用相同的程序來撰寫作品。

我幾乎敢說，把聽與說恰當地結合在一場演講兼座談中，就是寫書最好的方法。其他附加元素或許必要，但作者若沒有直接面對群眾、沒有從他們的疑問及反對意見中修正自己的想法、有效傳達思想，那麼就無福獲得這些唯有從面對聽眾的經驗中才能得到的收穫。

請容我繼續回顧往事，我還想補充一事。

我獲益最多的演講經驗，是那些在安那波利斯聖約翰學院及「阿斯本人文學會」（Aspen Institute for Humanistic Studies）所舉辦的講座，其聽眾分別為學生及一般大眾。我可以想像，參與這兩系列講座的聽眾和我一樣獲益良多。

聖約翰學院每週都有一場對全校開放的正式演講，學生有義務出席。演講在禮堂中舉行，當演說告一段落並稍作休息後，學生們會聚集到討論室。問答環節從未短於一個半小時，而且經常超時。

學生們從我的回答中得知他們在演說中錯過與誤解的重點，我們口中的概念性詞彙逐漸從意義分歧調整成一致。我從學生身上學到了我原本沒想過的要點、未釐清的論述，以及我思考主題時所犯的錯誤與不足。

我在聖約翰學院得到的學習經驗，最核心的就是演講加上座談的部分。那些講座不像多數大學的選修或課外活動——任由聽眾自願參加，出席者經常零零落落，問答環節時間短暫，而且只有部分聽眾參與。這就是為什麼我覺得聖約翰學院的講座比我在大部分學校講課的經驗更加有益。那裡的學生接受過討論的訓練，他們已經知道用什麼方式聆聽一場演講，將有助於參與之後的座談。

在阿斯本與在聖約翰學院演講的相似處在於，前來參加講座的聽眾都預期要旁聽或參與討論。這些聽眾期待透過問答的交流過程檢驗自己與講者。由於這些聽眾具備高知識水準、多元學術或專業的背景，阿斯本的講座帶給講者與聽眾的收穫，遠比大多數的講座來得豐富。

在早期，阿斯本學會舉辦的專題討論、研討會、演講和其他活動的時間表沒那麼密集，所以保留了較長的時間給座談，在我看來，那樣的安排非常理想。問答時段並非在演講後馬上舉行，而是隔天早上在另一間教室重新集合，然後展開整整兩個小時的座談。而且，除了前晚參加演講的聽眾，還有另外一個小組加入，這個小組的成員擁有特殊專業背景，極為適合一起討論講座的問題或意見。

這種流程的優點在於，聽眾有時間檢視他們在演講時做的筆記，思索筆記內容或有印象的演講內容，甚至仔細耙梳打算提問的意見。因此，座談中的提問是經過縝密的思考，使得這些意見更加符合邏輯，不會出現未經思考的評斷或不相關的言論。此外，講師有了專門小組的協助，討論也可以進行得更加順暢。

我希望所有座談都可以延遲到演講隔天上午再舉行。可惜的是，除了阿斯本早期的講座，我參與的講座中再也沒有一次安排過相同的流程，也沒有任何一場講座帶給我這般愉悅又有益的經驗。

3

該如何進行一場座談？讓我先從講者角度回答問題，之後再從聽眾角度來談。

若有機會，講者可以透過我向來運用在聖約翰學院、也有幾次用在阿斯本學會的方法，有效地掌控全場的討論。那就是在座談一開場，就要求參與的聽眾必須區分出，哪些問題是為了更清楚或更全面理解演講內容、哪些問題則是企圖以挑戰講者。第一類問題應優先提出，否則講者可能必須回應建立在誤解之上的疑問或意見，結果毫無意義。

第一類問題應採取以下的問法：「我聽到你說……，這樣的理解正確嗎？」接著，由講者回答是或否。假如提問者的理解不正確，講者可以籍機澄清，協助提問者補強原本不懂的部分。當講者回答完所有這類問題，聽眾都充分理解內容了，才適合回應其他對講者的挑戰，或與講者想法不同的意見。也只有在此時，回應這些問題或意見才有意義。如果問題的目的是得到更多與內容相關的資訊、或檢視自己對講者所說內容的理解程度，那麼這類問題永遠都該優先於對講者提出的挑戰或意見。

有時候，聽眾在提問前引用講者所言，但引述內容根本沒有出現在演說中，或者，某位聽者在詮釋講者實際說的話時犯了嚴重的錯誤。當提問者說：「你說了這個和那個……」我會馬上舉手或搖頭，告訴對方我沒有說過那些話。倘若要我思考一個問題，卻是關於我沒說過的話或扭曲後的版本，便毫無道理可言。接著，我會重述講過的內容，詢問對方是否想到其他的問題。

還有兩種方法有助於促進討論或提升討論的品質。其一是，重述聽眾的問題，而且要用與演說內容更加一致的方式來重述，將那個問題變得更為切題。「我看看我有沒有理解你問的問題，」我會說，「方法是讓我重講一次，你的問題是……」說完後，我會確認對方是否認可我的重述，只有對方給予肯定的回應，我才會繼續回答問題。

聽者常常有某些好問題藏在心中，卻不太懂得用合適的語言表達。有時，提問者猛然發問，卻沒有小心地瞄準重點。講者在此時重整疑問能促進雙方的討論，避免眾人離題漫談。

另外一個方式是轉換身分，從講者變成提問者。這麼做的最好時機是在座談接近尾聲，聽眾的提問變得零零落落的時候。假如講者覺得有些好問題還沒有人提出，而且回答這些問題有助於進一步闡釋內容，那麼就不應該保留，務必自行提出來並予以解答。

最後這個方法，在推銷談話、政治演說或任何為實際目的說服他人的時候特別有用。當聽眾提出的問題顯露出對說服有所抗拒，說服者當然要回答所有的問題。我絕不建議說服者就此打住。聽眾心中可能還藏著未表達出來的某些觀點，而那正是最嚴重的障礙，關係到講者的努力能否成功。如果他沒能找出這些疑慮並且回應，也許就無法化解聽眾的抗拒，造成說服失敗。

此外，說服者應該善用反問，以高超的修辭技巧換取肯定的回答。在政治舞台、商業協商或推銷時，只是發表說服性的演說永遠不夠，在那之後應該接著進行問答環節，這可以讓說服者回答聽眾的問題，也能籍由提問引發聽眾說出他想要的答案。高明的反問技巧尤其能達到這種效果。

4

只要聽眾準備參與演講之後的討論，就應該用聽講時寫下的筆記作為提問的基礎，無論那場演講的目的是教學或說服。如果沒做筆記，腦中就得記下足夠的內容。

如果這場講座的目的是教學，聽眾要謹記兩個目標。其一是確認自己完全理解聽到的內容，另一個則是要進一步挑戰講者，好確認是否同意講者的觀點。

當演說的目的在於說服，聽眾就應該把握提問的機會，瞄準那些講者刻意不處理、因為害怕引發抗拒而忽略的重點。此外，聽眾可能會希望確定自己有聽清楚講者用來說服的理由，如果理由不夠充分，聽眾就有機會反駁，並看看講者是否能有所回應。

不管在政治舞台、商業會議、協商過程或市場裡，只有當聽眾認為所有相關層面都經過討論、所有疑問都獲得了解答，才能放心被講者說服。假如有人遭到哄騙而被說服，那麼他大概是個失職的聽者與提問者。

如果講者回應失敗，讓聽眾帶著這些疑問或意見離開，那麼，這些聽眾也的確有很好的理由不被說服。

第十章　對話的種類

我將對話分為四種主要類型。一是社交對話。二是私人對話（或談心）。三是非個人對話中的理論性對話；這種對話多半具有教育性或啟發性。四是非個人對話中的實用性對話；務求在行動層面說服他人。

1

緊接在教育性演講或說服性演說之後的座談，只是對話或討論的一種。這種問答屬於一種非常特別的對話類型，因為能擷取出演說的內容，而且對話方向是為了配合演說的目標而開展。讓「聽與說」雙方面對面直接交流的對話還有許多種類型，每種對話都有不同的動機與特性，從雞尾酒派對上的聊天、晚宴的閒談，到嚴肅的政治辯論和商業會議，以及目的性最崇高的大學專題演討和學術研討會，都在此列。

若希望對話可以更加愉悅且對話雙方都能從中獲益，必須遵循一些規則。為闡明這些規則，我先將對話分為幾類，請留意各種對話具有不同的特性。先前提到，我們必須區分兩大類的「不中斷的演說」：說服性演說與教育性演說，並思考聽者在兩種演說中的角色差異。現在基於相同原因，我們也必須對對話的種類作出區別。

我以「四分法」來為雙向談話（也就是對話）分類。就目的而言，這種分類很方便，儘管它可能無法窮盡所有的對話類型。

2

首先區分趣味與正經的對話。我所謂的趣味性對話是沒有預設目標、不必達成任何目的、毋須控制方向的談話形式。玩樂是人類活動的一種，我們投身其中，純粹只為了這項活動固有的樂趣。以趣味為目的的談話和具有嚴肅動機的對話不同，前者就像玩樂本身讓人享受，毋須追求任何目標。

趣味性對話的另一個名稱是「社交對話」，這類性質輕鬆、非正式的談話出現在朋友或同事等友好關係中。這類對談或許能增廣見聞，也可能充滿啟發性，但上述都不是必要條件。它可以純粹只帶來樂趣，並且讓共享友誼的各方聚集在一起，幫助他們更了解彼此。

一場好的社交對話無法預先策畫，當時機恰好合適時就自然而然地發生了。商業會議之類的場合才需要事先設定討論內容。社交對話應該允許漫談，沒有目標，不需做出任何決定。

根據這個分類模式，另外三種對話都不是趣味性對話，而是正經的對話，具有目的及既定方向。在正經對話之下進一步分類時，首要區別在於一場對話的本質是私密而個人的，或者非關個人。

當我使用「私人對話」這個詞，最快想到的是常被稱為「談心」的對話。每個人或多或少都能回想起生命中某個時刻曾對身邊珍視的人說：「我們來談談心吧。」

假如人們這麼詮釋「談心」一詞，認為它代表我們是用心（heart）、而不是運用心智（mind）投入對話，那麼這個詞就會引發誤解。所有談話（無論趣味性或正經的、私人的或非關個人的）都涉及心智的運作。但所謂的談心，是我們深刻地以心靈交流，談話內容會關於影響到我們內心的事物，包括情緒或感受、正面或負面的情感。

這類談話牽涉到當事人非常在乎的情緒問題，過程極為嚴肅，或許比其他種類的談話都要來得嚴肅，因為對話的目的在於消除情緒性的誤會。若無法完全消除，至少也要試圖減緩情緒的壓力。

最後兩種都是正經對話，非關個人。其中一種可以稱為「理論性對話」，因為目的在於造成對方心意的改變。如果參與者可以從對話中獲得知識，那麼這場對話就具有教育性。如果參與者透過對話理解了過去不懂的事，或對於目前關注的主題產生更多理解，則這場對話就具有啟發性。

假如談話的目標是讓人採取某種行動、做出影響行動的決定、或改變情感上的態度或衝動，那麼這種談話就稱為「實用性對話」。當人們在談話中試圖影響對方的情緒，不論為的是銷售商品、贏得政治上的支持、讓商業計畫或政策獲得採納等實際的目的，這種談話都非關個人，因此不屬於私人對話。

為實際的目的進行說服時，通常會利用對方的情緒。說服者的情緒不會涉入其中，**除非投入自己的情緒可以達到目的**。但在私人對話或談心的過程中，雙方的情緒都會摻雜進來、直接碰撞。私人對話或談心會發生在夫妻、親子、家人、情人和朋友之間，若彼此沒有親密關係，無法在情感上相互連結，是不可能出現這種對話的。

相對來說，賣家和買家就沒有這種關係，包括企業執行長和同事、或是為了達到政治目標而談話的人等。他們通常是陌生人或純粹點頭之交。即便他們剛好是朋友，談話內容也無涉於友誼之中的連結和愛。在少數情況下，這類談話的參與者彼此間有親密的情感，這會影響到他們之間理性的溝通，為對話帶來限制和阻礙，讓對話偏離正軌，使事情變得極為複雜。

私人對話或談心通常只有兩個人或少數人參與，發生地點是私下場合而非公開的環境。參與其中的人絕不願在碰面過程中錄音，也不會有人預先準備議程。參與者可能興之所至地展開對話；或者由其中的某人計畫，向他人提議並約好時間、地點或做些安排來開啟對話。不管對話如何開始，都可能在參與者的生命中占有重大意義，而且只有參與者本人深有所感，其他人不受影響。

教育性或說服性的非個人談話可能涉及兩個人、幾個人或一大群人。如果參與談話的人已經認識好一段時間，他們在溝通時會比較輕鬆自在，也比較熟悉彼此的語言、知識層面的立場、對事物的假設或成見。如果他們是第一次碰面，談話開始時還是陌生人，想要有效溝通就必須跨越一些（經常是難以克服的）障礙。

在私人對話或談心中，參與者平等相待。儘管他們可能在年齡或成熟度上並不相同（例如親子之間的談心），但他們的友誼或愛能弭平差異，並且透過忽略這種差距的存在，增進彼此的情感。

但在任何形式的非個人談話中，情況就非如此了。在對話中交鋒的雙方身分地位平等與否，會產生很大的影響。例如在一場專題研討中，由一位老師帶領學生進行討論，或者討論時有一位主持人或主席，他所扮演的角色和其他參與者不同，這些都是很好的例子。

第一種談話，也就是我稱為「社交對話」的趣味性對話，在較小型的群體中最能發揮效益。這種談話只有兩個人參與時，通常效果最好；有時人數稍多也無妨。不過我們常發現，當對話人數超過五、六個人，就會分裂為兩個頗為獨立的對話。

讓我用下圖摘要我以四分法區別出的談話種類：

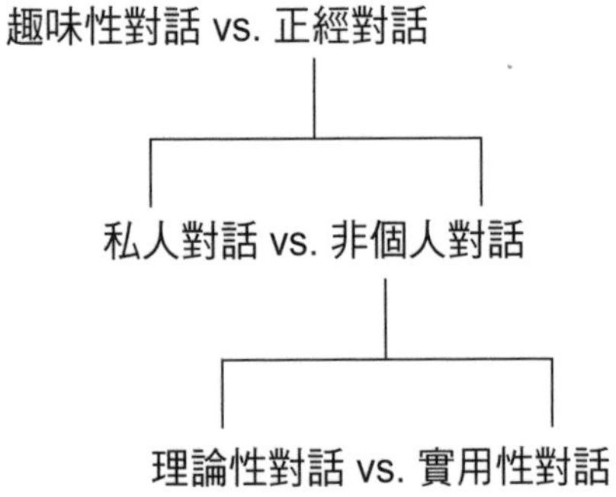

從以上分類可以看出有四種主要的對話類型。一、社交對話；二、私人對話、談心；三、非個人對話中的理論性對話，具有教育性或啟發性；四、非個人對話中的實用性對話，目的是在行動層面說服他人。

3

非個人對話可能是正式或非正式的，也許經過預先的準備或安排，也可能隨興地展開。討論內容可以包括指定讀物、某些想法、計畫、提議後尚待琢磨的政策，或是有待解決的問題、未決定的議題、需要化解的反對或歧見。

當討論某項事實時出現不同的意見，應該要討論以這個事實為前提意味著什麼，而不是推翻這個前提，假設其他情況為真。討論可以幫助我們更加理解，**設想**一項事實為真時，在理論或實際上有何意義。但討論從來無法幫助我們**決定**在事實層面上，此事的真相為何。要確認事實唯一的方法是追問、調查或研究，儘管那不過就是翻開參考書來尋求解答。

在理論性的非個人談話中，由某些概念或議題構成談話內容是最理想的。至於實用性對話中，則以有系統的計畫、政策和問題最能引發豐富的談話。實用性的雙向談話也可能始於其中一方想讓他人做某件事，包括以特定方式行動、朝某個方向前進、合夥完成一項工作、在事業上合作……，甚至驅動對方秉持著某種情感態度或傾向，以產生共鳴。

至於談話人數是否只有兩個人？如果談話人數不只兩人，其中是否有一位要扮演討論主持人，或者不需要任何成員來控制或影響對話進行的方向？以上這些要素都會使對話狀態有所不同。

時間和地點等環境條件也會影響到談話或討論的特性，包括談話有無時間限制，或是一場接著一場連續進行。對談地點合不合適，則端看這個地點的環境是否能促進討論，以及場地中有無令人分心或干擾對話的因素。

最後，我一定要指出，在理論性及實用性的非個人談話這兩者之間，最重要的差異在於：前者可以無窮無盡且沒有結論，但後者必須靠著達成結論或做出決定來結束。這就好像喜劇和悲劇的差別，喜劇在演完最後一幕時確實走到劇終，但原則上可以永無休止地演下去。悲劇的最後一幕則代表一切結束，無法再接著演下去。

既然實用性討論的目標在於促成行動，討論的最後就必須達成決議，而且通常得在有限的時間內達成。但是，爭論不同的想法或理論性的議題時，相互理解及達成共識的過程可能沒完沒了，要化解歧見或調和意見，往往需要持續不斷的努力。

這樣的討論，也許會在預定時限內還沒做出結論就結束了，就像柏拉圖的許多對話那樣，可以說是一種智性上的喜劇。之後，這個話題可能一次又一次被提起，或許最終能達成結論，但絕對沒必要在規定時限內達成，因為並無實際上的需求。

當然，正式辯論是唯一的例外。辯論過程有嚴格的時間限制，投票選出得勝的一方就得到結論，而且如果在實際議題上也有必要達成決議，那麼，進行正式辯論就可能非常適合。正式辯論在理論說服的範疇也能發揮作用，就如中世紀大學裡所舉辦的辯論。

4

接下來的章節，我將陳述有哪些規則可以增進各種形式的對話，並提出有助於對話的元素與條件，使人更加樂在其中，並且獲益更多。

我會在第十一章探討有利於談話效果的規則及建議，包括概論及針對各種不同種類的對話分析，從社交對話入手，然後論述非個人的討論，包含理論性與實用性對話。

我不會針對私人對話（談心）提供規則或建議，因為它屬於私人的範疇，比較仰賴參與者的個人特質及當下的情緒狀態；私人對話是非比尋常的。頂多只能說，如果為了化解情緒問題而投入這種對話的參與者之間擁有愛與友誼的連結，就毋須害怕對方產生誤會或反感，可以開誠佈公、毫無保留地對談。愛與友誼能排除欺瞞，使雙方產生共鳴，對自己及對方深切關心的事物都產生洞見。

在十二章裡，我會探討如何達到非個人對話的終極目標——在心意相通的情況下，彼此理解並達成一致的看法。

我另以十三章論述在基礎教育及更高等教育中，用討論或問答、而非講述的方式來教學，在教育上有何意義。

這種教學法在頭十二年的學校教育中十分罕見，但其實應該要作為核心原則，完整貫穿十二年的教育過程。在大學或為成年人舉辦的研討會中（參與者希望在完成學校教育之後持續學習），這種教學也很少達到應有的水準。

「蘇格拉底式教學」——藉由提問及討論來教學——是最困難的一種教學，也是最能帶給參與者豐富收穫的教法。有些好用的規則及建議可以讓這種教學效益發揮到極致。在「專題研討」的專章中，我將試著有系統地陳述這些規則與建議。

第十一章　如何提升對話品質

針對非個人對話，也就是彼此心智進行交流的談話，無論目標為理論層面或實用層面，規則都分兩大類。第一類是理性規則，掌管心智的運用；第二類則是感性規則，將情緒控制在適當的狀態。

1

在對話的諸多規則中，有些具有足夠的普遍性，可以運用於各種類型的正經對話。不過，正經對話中多半存在著某些特定因素，使得這類對話格外容易遭遇困難或障礙，因此，我們在討論規則時必須將這點納入考量。讓我們先探討上述因素，然後再談有助於提升社交對話的規則。

語言是我們用以溝通的工具，在多數情況下，更是溝通時必須使用的工具。假使語言是個完美的媒介或透明的介質，人類可以透過這個中介接觸到另一個人的心靈，那麼我們使用語言對話時，就能像天使之間的心電感應一樣暢通無阻。很遺憾，實情恰好相反。語言是個非常不完美的溝通媒介，它曖昧模糊、模稜兩可，很容易讓人誤會。

當你與某人對話時，指望你的談話對象對話語中重要字詞的理解（特別是那些我們覺得有關鍵意義的字詞）能完全跟你一樣，幾乎是不可能的事。就算刻意向對方強調我們賦予某重要詞語特殊的意義，對方也多半會對這類「警語」充耳不聞；而且，在發言或回答我們的問題時，對方也經常顯示出他沒有在聽或並不專心。

當然，對話的雙方會以不同方式運用話語並不令人意外。每個人都想用自己的方式運用話語是理所當然的，但既是與人對談，就必須有所因應。我們可以在筆記中記下同一個字如何用作不同的意思，或是更進一步加以歸類。大多數人通常不願意為了提升對話效果而如此用心或有耐性解釋，但若不這麼做，必定造成誤會，甚至產生明顯的矛盾。

有兩種方法能幫助我們克服語言這個不完美媒介所造成的阻礙。其一是在普及教育中加強博雅教育之文法、修辭、和邏輯的密集訓練。另一項是創造眾人共享的學習傳統、共同閱讀的背景，以及對少數基本概念的認識。我們的祖先享有這兩種優勢，特別是從十八到十九世紀末期間。然而，由於教育系統衰退，以及二十世紀專業化的快速發展，多數人都被剝奪了這兩種學習的傳統。

過去，人們會接受較充分的博雅教育訓練，也就是溝通技藝與學習的技巧訓練。有些人接受正規教育後，繼續學習而完成了通才教育，他們共享文學遺產，使得他們不只在文字上、也在概念上享有共通語彙。他們同屬一個知識社群，對某些概念、文獻與典故的理解形成了共同背景，使得彼此間能夠順暢而輕鬆地溝通。

到了二十世紀，高等教育程度的人不再是通才。完成教育後，一個人會變成專才，屬於某個領域的專家。專才使用的語言包含了許多特殊行話，而不同領域的專家則使用不同術語。在二十世紀，這些受過高等教育的人（或者，我該說受教育達大學程度者）在教育過程中，可能鮮少有所有人都讀過的著作，因而無法形成共通的背景。這造成了西班牙哲學家賈塞特（Jose Ortega y Gasset）所說的「專業化的野蠻」——與文明是相對立的。

非個人性質之正經對話需要控制的第二個元素，就是情緒的熱度。這種對話與談心不同。談心時，情緒正是討論內容的主角。若一段談話的目標在於從實際面說服對方，那麼情緒也會在對話過程中佔有一席之地。因此，舉凡技巧高明的說服者，無不懂得運用並控制情緒，以達到他所期待的目的。

然而，倘若非個人對話的目標是針對某個純知識性議題，企圖達到較佳的理解或解決方法的共識，那麼情緒就完全不該出現。一旦情緒闖入，將會搞砸這類對話，把純粹的知識場景變成情緒衝突的場面，結果淪為一場偏見的戰役，而非在想法或真正值得爭論的意見上交流。

還有一個元素是自我理解。若談話者了解自己，就能成就睿智的對話；若談話者不了解自己，則會阻礙對話，使溝通失敗。理解自己是理解別人的必要條件，每個人至少要能清楚地對自己說話。如果想和別人進行有條理的對話，那麼有條理地自言自語的能力是不可或缺的。一個人若缺乏洞察力而難以和自己對話，他通常也不具備與別人睿智對談所必備的洞察力。

最後一點同樣重要：只有致力於提升以下兩個面向，投入正經對話才有價值，那就是爭取對話中所能獲得的益處，以及體驗一場好的對話所能享受的樂趣。心口如一是世上最難的事，聆聽別人並明白對方真正的意思也同樣困難，兩者都需要耗盡心力。然而很多人不願付出努力，這些懶惰的談話者背負了一項原罪，就是心智上的怠惰，但他們毫不自覺，任由怠惰妨礙自己投入對話，結果完全無法從談話中獲益。

我們多數人只在迫切需要時——為了愛或金錢——才願意付出努力。假如我們把和他人心靈交流這件事也當作迫切而重大的需求，才有可能願意為了成就一場富含思想的談話（目標為互相理解並達到某種程度的共識，或至少了解彼此的歧異之處）而付出努力。

2

現在，我們來談談可以運用在所有正經對話中的普遍規則；其中某些規則也適用於趣味性和社交性對話。

一、選擇合適的談話地點與場地。這個場地必須保留足夠的時間進行談話，不易受到干擾，也沒有會中斷談話或引人分心的事物。

有些時機點比較適合寒暄閒談，某些時刻則較適合進行重要的談話。例如，雞尾酒派對或晚宴場合通常不是正經談話的地點。如果萬不得已要在某些零碎活動之間進行談話，例如在赴戲院的路上或上床睡覺之前這種時段，就只能展開趣味性或社交性對話。

請保留長一點的時間進行對話。一場好的談話通常會慢慢開始，花時間收尾。當聚會中的多數出席者彼此陌生，他們通常會互相寒暄閒聊。如果是在某個悠閒的傍晚，大部分在場者都累了，就不該討論如何解決世界危機這種重要的問題。但如果參加聚會的人都是朋友，大家互相認識，而且有意討論一個共同感興趣的問題，那就可以展開嚴肅的談話，甚至花上長時間討論。

並非所有場合都適合展開一場好的對話。如果你和某個人一起走進辦公室，你希望可以和他花一個小時左右的時間進行正經對話，卻發現他的心思還停留在那天發生的某件事上，或許他正掛心工作或家人，那麼你可以預期他在這個場合很難專注與你談話。

倘若晚宴中有超過六位參與者，其中幾個人彼此之間較陌生，有個方法可以開啟優質的對話。這個方法是我的好友凱特（Douglass Cater）教我的，我受益良多。

某個晚宴中，當在場的寒暄音量逐漸停歇，凱特上台發言，拋出一個問題並請所有人輪流回答，將晚宴轉為進行重大談話的場合。每個人都針對這個問題表達看法後，凱特繼續主持，引導著因不同意見而展開的多元議題深入交流。這種方式永遠能帶給所有人一段有益又享受的談話經驗。

另一種方式也能把晚宴變成適合教育性對話的場合。那就是由主持人邀請某位賓客針對特定主題發表短講，而主持人預先知道這個主題可以提供素材，引發精彩的討論。講者也許會應眾人要求，在現場回答問題，或者，其他賓客會發表評論來挑戰他的說法。

二、你應該預先知道自己想展開一場什麼樣的對話。閱讀的第一守則，是知道自己正在讀哪一種類型的書。讀小說和讀歷史不同，而這兩者又和讀哲學著作或讀科學論文大異其趣。我們已經知道，正經對話也會隨著討論內容和目標的差異而有所不同。留意你參與的對話具有哪些特性，是理論性還是實用性？無論是哪一種對話，談話的目的是什麼？

三、不管要開啟哪一種正經對話，都要慎選合適的對象。別試著跟每個人討論所有的事。即便是你最好的朋友，也可能沒有談論特定主題的能力，或對那個主題不感興趣。有時，這段對話欠缺的不是能力或興趣，而是雙方個性或某種程度上的個人情感不夠貼近。如果你碰巧知道格林和羅賓遜不合，請別讓他們一起談話，那只會引發敵對的情緒。

我們都曾有過這種經驗：和聚會對象提起某個不適合討論的主題。一旦犯了這個錯誤，那場對話就完蛋了。或者，眾人可能會因此從原本的主題漫談到八卦或閒聊天氣、新聞頭條或運動賽事。

最重要的是，如果你本來就知道某人對某主題抱持著成見，千萬別跟他討論相關問題。如果你知道有人無法說服，就別試著說服他。當你已經知道有人堅持某特定理念或立場，絕不動搖，也別試著討論這個他心有定見或已經選邊站的議題。因為無論這個問題出現什麼答案，或這個議題出現其他論據，他都很可能充耳不聞。

明智地挑選討論特定主題的對象，並挑選適當的時間、地點和場合來進行談話，這些都很重要。

四、對於無法討論的事，就應該避免討論。我們都對「品味無可爭辯」（*de gustibus non disputandum est*）這句話耳熟能詳，但比起實踐這個道理，我們的作為常與之違背，使得雙向談話中總是只剩個人偏見在針鋒相對。

在某些意見上，人與人之間只有品味或偏好、喜歡或討厭的差異，對話頂多只能幫你發現別人的品味跟自己不同，或者為什麼別人喜歡而你不喜歡。這種差異不會因為爭論而改變，爭論只是浪費所有人的時間。

除了喜歡與否，沒有理由或事實依據的個人意見與偏見，也不該作為辯論或爭論的素材。同理，當這些意見或偏見出現在對話中，只要承認它們存在就好，不要當作討論的主題，企圖尋求交流。在這類事情上，心靈交流是不可能達成的，爭論也沒有用。

只有可以查明客觀真相的事情才值得爭論，讓真相越辯越明。在我的個人偏見或毫無根據的意見中，或許存在著主觀事實，它對我而言是真的，對你而言卻不是。如果這件事就是如此，不管是我試著辯解、或是你希望我相信你所認定的事實，都完全沒有意義。相反地，一個客觀事實不只對你或對我是真實的，而是對所有人而言、在任何地方都屬實。

五、不要只想聽自己說話。我們都有以下經驗：布朗說話時，瓊斯保持沉默，沒有聽布朗在說什麼，只是有禮地等候著。待布朗一說完，瓊斯就開始大談某件心裡所想的事，和布朗說的沒有任何關係。

瓊斯說話時，布朗也有禮地等待著，但沒有聆聽。瓊斯說完後，布朗接續自己剛才的話題，或談論其他和瓊斯所言無關的話題。他們就像在兩個不同房間裡自言自語，因為他們都只聽自己說話。

六、這個規則和上一個規則密切相關：回答問題前，你需要將問題聽進去，並努力理解這個問題是什麼，再根據你對問題的理解來回答。很多人只把問題當成一個開始講話的信號，聽到問題後，就說出當下剛好想到的事，不管這些想法和問題有何關聯。

你如果懷疑自己對別人問的問題有任何一丁點的不理解，先別嘗試回答。你應該做的是請提問者解釋問題，請他用對你而言較好理解的方式將問題重述一次。回答你不完全理解的問題毫無意義。回答前，務必持續理解問題的意涵。

七、這項規則與前一項並行：如果你在對話中提問（而非回答問題），盡可能把問題表達得清楚易懂。別當個懶惰的提問者。別因為自己了解這個問題，就假定別人也能理解你表達問題的方式。用各種不同的方式來詢問同個問題也許是必要的，持續嘗試直到你的表達真的讓對方理解。

八、這項規則也是關於在高品質的正經對話中提問：有些人會一個接一個地拋出問題，也接受別人一個又一個的回答，但沒有對這些回答發表評論，而且接連提問之間也毫無關聯，卻以為這樣就是參與對話。也許在特定情況下，為了特定目的，這可以算是一種有用的發問形式，但這絕不算對話。因為在對話中，雙方會互相交流，使談話內容持續發展。

九、不要打斷別人說話。請不要這麼缺乏耐性，等不及別人在你之前把話說完，就急著說出自己想到的事。就算你從他的開場白猜到他要說什麼，也別插嘴。給他機會，讓他自己說完。

十、當有人在說話而你應該聆聽時，不要跟旁邊的人講話，那會顯得十分無禮。同時，也不必過分有禮。說話時應保持禮貌的聲調與儀態，但別讓過度的禮貌侷限了你想說的話。如果你覺得自己的話可能冒犯他人，請試著小心措辭以避免冒犯之意，但別因此閉上嘴巴，吞下值得發表的意見。

十一、我們知道所有費時的事，都由開頭、中間的進程及結尾構成，無論對話、戲劇或交響曲皆如此。有些費時的事（例如生產線工作）可能也具備這三個階段，但並非有組織地連結在一起，而是每個階段（不管是前、中、後）都一模一樣，這就是這類工作單調沉悶的原因。但在一部戲劇作品或交響曲中，開始、中段與結束之間會具備有組織性的關聯，每個部分都會為整體帶來一些不同。這就是為什麼一場好的對話應該經過組織安排。這場對話中的每個部分與對話目標越是一致，對話的品質就越好。

對話的開始應聚焦在主題——也就是要討論的問題或主旨——來為過程鋪路。中間會占據較長的時間，這個階段應著重於探索問題或主旨，引發不同的相關意見，以及支持這些意見的論述。結尾的功能則是將對話帶往結論，如果這個對話具有實際目的，那麼最終就應該做出決定。如果這場對話內容是理論性的，就應該達成一致的主張。若無法取得共識，那麼結論中就需要納入目前懸而未決的問題或暫且擱置的疑問，留待往後繼續討論，或許有朝一日終將達成決議。

3

進行一小時優質的社交對話，就像花一小時投入高品質的休閒運動。一場好的社交談話不只令人愉悅，更可能妙趣橫生，尤其是當參與者在各方面態度合宜，彼此同等付出，也得到相等的收穫。

對談進行的過程中，話題可能會不斷改變與流動，人物、事件甚至想法都可以是討論的主題。找到所有參與者都感興趣的話題很重要。如果你發現有人目光呆滯，不管你是否正在講話，我都建議你換個話題。

以下這份簡短的清單，含括了要營造一場令人享受的社交對話所需避免的事項：一、粗俗的語言與咒罵。二、開種族玩笑或表現輕蔑。三、自吹自擂，尤其為了自抬身價，不斷提及自己與某些大人物的關係。四、陳腔濫調。五、使用外語，除非你能發音標準，而且全場人都聽得懂。六、一些老掉牙的外語，例如 *entre nous*（法文，意思是不要跟別人說）、*ciao*（義大利文，意思是你好、再見）、*savez-vous*（法文，意思是你知道嗎？）之類的。七、罕用語，尤其是只有學者專家才會熟悉的用詞。八、反覆講述別人已經聽過很多次的老故事。

有些主題未必不能談論，但只有當你和親近友人在一起，他們真的對你的話題感興趣時才適合。例如：一、健康狀態或最近剛動的手術。二、剛出生的孩子和他們可愛的小把戲。三、自己的小孩和他們了不起的成就。四、家裡的寵物，除非你養的剛好是隻大象、鱷魚或蟒蛇。

此外，還有一些人們經常違反的禁忌與敏感事項需要留意：

一、如果對話進展順利，不要離題或改變話題。

二、別刺探個人隱私，不要詢問過於私人的問題。

三、不要沈迷於毒舌八卦。

四、如果你預期對方無法保密，別把秘密告訴他。

五、不要無謂地在說話時喋喋不休重複某些社交對話的贅語，例如「你知道的」、「我的意思是」、「事實上」……。

六、當你想說「請聽我說」（Please Listen）時，別說成「注意」（Look）。

從積極面來看，也有些值得建議的事項。例如：

一、詢問談話對象關於他們的事；同時保持警覺，不要談論太多自己的事。

二、維持和緩的音調。想笑的時候可以笑，但要避免刺耳的大笑，也別為自己說的話咯咯傻笑。

三、無論誰在發言都專心聆聽，別讓眼神亂飄或轉移注意力，請表現出專注的樣子。

四、如果有人中途加入對話，幫他簡短摘要正在討論的內容，並鼓勵他參與。

五、晚宴中，不妨轉向坐在你身旁的人，問他一些你預期可以引起話題的問題來破冰。只要能夠讓對方開啟談話，問什麼都無妨。

4

針對非個人對話——也就是心智交流的談話，無論目標為理論性或實用性，規則都分兩大類。第一類是理性規則，掌管心智的運用；第二類則是感性規則，將情緒控制在適當的狀態。

我在前文已經指出，以說服為目的之實用性談話會引發及操控對方的相關情緒。關於這個主題，我不再贅言。在談完非個人對話中有效運用心智的規則之後，我在此只探討如何在談話中管理自己的情緒。我已經提及部分的理性規則，以下補充其他建議：

一、如果你在對話或討論中主動參與，你的首要義務是聚焦於眼前探討的問題：這場討論中要解決的問題、要處理的議題、要探索的主題是什麼？如果這個問題由許多元素構成，內容複雜，建議將它分為幾個部分歸類並排序。這等於是在說：「我們先談這一點，接著轉向那個重點，最後再處理剩下的部分。」

研討會或商務會議中預先準備的議程具有類似的功能，可以引導討論的進行。但非正式的方法也能達到相同效果，對談中的參與者如果夠聰明，就會發現他們選了一個複雜的問題或主題，由幾個不同部分組成，然後他們就可以在談話開始時採取上述作法。

二、不要離題。別脫離正在討論的主題架構，無論目前關注的是整體或個別的部分。別漫談到其他的事物，或用不相關的話題打斷對話。簡言之，自始至終都要切題。我真希望我可以開一張「如何切題」的處方箋，治癒無數為談話病所苦的人。切題不過就是密切注意現在正談些什麼，別說些不相關的話。

想知道哪些內容和當下話題緊密相關或無關，需要的只是「用心理解」。如果你不去理解，那麼沒有什麼辦法可補救這點，大概只能像多數人一樣，因為被指責離題或文不對題而氣惱不已。

當兩個人具備切題對談的技能，談話過程完全不離題，就會像兩個長期合作的舞伴所展現出來的高超技巧，知道如何配合對方的舞步。想像一下，如果兩個人都想主導，沒有人願意配合，那會有什麼結果？許多不斷離題的對話恰恰就像那樣的舞步。

三、要緊扣著正在談論的議題或重點，但別把話題逼到死角。不要談個沒完沒了，當某話題已經探索或討論得差不多了，就可以進入下個話題。重複同一個話題可能極為不利。如果談話時無法從一個話題轉到另一話題，談話者看不出來某主題談得已經夠多了，而導致話題停滯不前，那麼對話就會失去活力與光彩。

解決一個話題後，就向下一個推進。這不表示你不能在需要時重啟舊話題，而是說，一場好的對話應該持續有所進展。不專心聆聽的人經常在談話中提起某個先前已經結束的話題。如此來來回回、搖擺不定的態度，是談話的致命傷。

四、人們不僅常帶著未坦承的假設進入對話，也經常對自己的盲點毫無所覺。就像未坦白承認的假設一樣，盲點也可能毀了一段對話，至少會阻礙心靈間的交流。

如何跨越這些障礙？我唯一的建議是你應該保持警覺，知道自己還未能理解哪些事物，並尋求支援以幫助理解。你應該察覺自己有某些先入之見和預設，把它們從內心深處挖出來，放到檯面上供人檢視。

既然很少有對話能毫無預設立場，對話的參與者通常已經把許多事情視為理所當然，也許我這麼解釋這條規則更加恰當：**在你有所假設時，先徵詢談話對象的許可，而當他們問你假設為何，務必清楚向他們說明。**

我們經常懷疑別人心中抱持著預設立場，但很少人確切得知這些立場的內涵究竟是什麼。我們也很少察覺自己也有某些預設立場。最好的解決方法是每個人都公開自己的假設，並請求其他人暫時接受這些前提。假如不這麼做，遲早會有某個人說：「喬，等等，你怎麼會覺得我們都同意人人生來平等？」

有時，事先聲明自己的預設時，這些預設本身就成了爭論的焦點，但如果爭辯這點會花上太多時間或扯得太遠，那麼就應該直接接受這些假設，好讓討論可以繼續。如此一來，討論就能在假設的前提下進行，並留意在此預設立場為真的情況之下，會帶來什麼結果。

藉由討論這些假設的優缺點，或者假定這些前提為真將造成什麼結果，讓辯論繼續進展。很多時候，我們可以暫時將對方的假設視為理所當然，但內心仍認為從這個前提出發所形成的結論是錯誤的，這一點也不妨礙對話。

五、避免顯而易見的謬論。千萬別與人爭論「事實」。如果你想調合人們對某件事的歧見，就直接進行查證。

絕對不要以為只要引用權威看法就毫無爭議。請記得：除非真的很有幫助，否則不要在談話時提到權威意見。只有當你能精確引述某些重要言論，而且這樣的引用對你說的內容有加分作用時，引用權威意見才會有益，絕不能只靠提及某權威的名字來支持你想說的話。

喬治．華盛頓曾反對與他國之間不利的結盟，以及不願三度連任總統——這類事情就可能值得在談話中提及。偉大先賢或有智慧的人曾說過的話值得我們引用，但他們就像任何人一樣，也有犯錯的時候。或者，就算他們在幾世紀前說的話是正確的，這些話到了今天也未必適用。權威意見或許可以支持你的立場，但如果沒有清楚的邏輯和有力的證據，別人也不會接受。

還有一種錯誤也和引用權威意見有關，那就是意有所指地提及與你意見相反的那類人。你假定所有人都知道你說的那種人名聲不佳，但這麼做是把矛頭指向他人，變成人身攻擊，而非攻擊對方的論點。這麼做不只離題，而且手法惡劣。

千萬別對別人的先祖、國籍、事業或政治夥伴、職業或個人習慣做無謂的指涉，這些都是以人身攻擊進行爭論的不當手段。其中，最為惡劣的方式是藉由對方與某人的連結來攻擊對方。你對某人說：「所以，你同意希特勒的想法。」彷彿這麼說可以降低他論點的可信度。在場所有人都知道希特勒聲譽不佳，但不代表他在所有事情上都絕對錯誤。

有些實用性對話的目的是做出決策（特別在政商領域），如果預定採多數決的方式，就可能需要投票。投票並非必要手段，如果一個政商團隊的領導者認為同事的意見僅供參考，他會自己做決定。投票的結果有時違反多數人的想法，有時則與眾人意見一致。但是，若對話的目的並非形成某種行動或實際決策，就絕對不宜、也不需投票。

理論性對話（而非實用性談話）中，當參與者關注的是辨明真理，就絕對不能選擇以投票來擺平爭議。在這種情況中，多數人很可能是錯的。就算所有人都反對你的想法，你仍可能是正確的。而如果多數人同意你的意見，你還是可能犯了錯，卻因為眾人的同意而自欺自滿，讓心態更為封閉而不願深入討論。因此，除了讓你知道支持與反對的人數外，數人頭的作法解決不了任何問題。

舉例時要特別留意。很少有例子能與論點完全相符，佐證效果很容易過猶不及。你看到一位鐵路工人斜倚著鏟子發呆，並不代表所有鐵路工人都很懶惰，也很難證明勞工偷懶會導致生產力下降。假如你舉例之後，其他人有樣學樣，也開始用例子支持自己的論點，整場對話就會原地打轉。

舉例是有用的方法，但只能幫助說明，絕對無法直接作為證據。你必須小心選擇例子，讓你的論述易於理解。許多人對於如何從特定例子歸納或類推為更廣泛的概念感到困難，尤其在試圖理解高度抽象的內容時。抽象的論述加上具體實例，是幫助理解的好方法。

如果你聽不懂別人在說什麼，可以請對方舉例，這麼做不僅合宜，也顯示出你的謹慎態度。假如對方舉的例子無法令你滿意，你可以合理懷疑他們其實也不完全明白自己所說的內容。對待例子的方式就和對待預設一樣。只有當某項預設的效力獲得公開認可，才能作為論述的前提；也只有在所有人都知曉這個例子和討論內容有關，並意識到舉例的功能是說明論點（而非佐證），這個例子才能成立。

現在，我要將重點轉向對話過程中控制情緒的原則，此處我針對的是關於理論性（或重要實際問題）的非個人對話，因此，情緒的出現在這些對話中會顯得格格不入。

第一項建議是，當你自己或另一人開始生氣時，要有所覺察。這種時刻是有跡可尋的，例如你或對方開始大吼大叫、反覆說著相同的話、嗓門越來越大、敲桌子或出現激動的肢體語言、有人諷刺、取笑、作弄對方，或試圖讓對方的論點顯得可笑，或者，有人開始訴諸與主題無關的人身攻擊。

如果你不斷諷刺或嘲弄對方，用他犯過的小錯誤來挑釁或進行人身攻擊，一定會刺激到對方，讓對方也控制不住脾氣。而假使他能抵擋你的攻擊，始終保持冷靜，大概更會激怒你。一場討論到了這個地步已變成互相找碴，以下流手段互鬥，這種失去理智與意義的對話完全不值得繼續下去。

情緒在我們言行中扮演了重要角色，但無法幫助我們把話講得更有條理，或以愉悅的方式進行對話。只要發現自己在爭論中變得不耐、生氣或激動，請趕快離開房間，讓自己冷靜下來。

假如一場對談中有人動怒，你只有兩種選擇。一是嘗試友善地安撫，如果沒用就暫時轉移話題。請瞭解，這個人平常也許像你一樣溫和，但某件事擊中了他的要害。這時你得遵守酒保的建議：「想打架請到外面。」當你們由非關個人、心靈交流的對談轉為激烈的衝突，就應該中止對話。別讓非個人的討論變成私人的爭吵。辯論不是互相攻擊。透過貶低或打倒對手來贏得爭論，一點意義也沒有。

留心情緒失調造成的後果。有時你明知某些論點有理，但不願向對方低頭，擔心這樣會讓自己站不住腳，那麼其實你只是因為情緒化而不願贊同對方罷了。有時你也可能基於面子問題，固執地拒絕承認理虧，試圖以強辯的方式打擊對方，這些都沒有必要。

第十二章　心靈交流

我們將思考及討論問題分為三個層次。最高層是與問題相關的普世原則，這是最容易達成共識的層次。第二層是將普世原則因應變化運用於一般性規則，理性思考的談話者在這個層次可能各持己見。第三層是將一般性規則應用於特定的案例，這個層次在討論中最容易出現歧異。

1

只要兩個人的想法順利交流，那麼即便不同意對方的論點，也能互相理解；甚且會因這份理解而在最終取得共識。所有的非個人談話都應力求以某種可行形式來達到心意相通，無論理論性談話或實用性談話。實用性對話的失敗常來自於人際間的誤解，即便彼此能互相理解，意見分歧也可能妨礙他們採取共同的行動。

在一場追尋客觀事實的對話中，談話雙方未必能夠達到心靈交流，但仍可能從中獲益。探尋客觀事實是最為漫長艱辛的旅程，然而一場好的對話有助於參與者朝目標邁進，雖然甚少能達到最終目的，也就是求得普世認同的真理。追尋真理的過程有幾個階段，每個階段會有一些進展，但距離達成目標永遠都有一段路在前方。

人們可能在一次次對話中談論某個主題，關切此事真相為何。每次對話都讓他們在追尋真理的路上推進到新的階段。雖然他們並未相互理解，也無法達成牢不可破的結論和共識，但只要朝目標前進的路上有所進展，就不能說這場對話毫無所獲。

在做了以上概括性的觀察後，我們接著討論在這類對話中，若想達到互相理解及建立共識，該如何進行對談？

2

第一項原則如下：除非你非常確定自己了解對方採取的立場，否則不要輕易同意或反對。在尚未徹底理解對方的情況下，反對是無禮的，同意則是無意義的。

為了確保自己已經理解對方，在同意或反對之前，你必須禮貌地詢問：「你說……，我的理解是否正確？」在這個句子的空白處，用你自己的話重述聽到的內容。他可能會回答：「不，我沒有那樣說，我的意思不是那樣。我的立場是……」接著，在對方重述論點後，你應該再次試著用自己的話說出你所理解的內容。如果對方還是不同意你的詮釋，你一定要持續這種一問一答的過程，直到對方告訴你：是的，你終於抓到重點了！你的理解精準，達到了他的期望。此時，你才具備足夠的基礎表達同意或反對，你做出的判斷才可能是明智而合理的。

這個過程需要耐心與毅力。很多人急著繼續討論而略過這個步驟，寧可冒著風險在一知半解時就無禮地反對，或無意義地贊同對方。他們只因表面上的同意或反對而感到滿足，不願追求心靈真實的交流。

當兩個人在思考某個待解的問題，他們對「問題是什麼」有了相同的理解，這就是對問題的理解達到真正的共識，也代表他們已經心靈相通，即使他們提出的答案互不相容。

當兩個人思考同一個問題，卻對問題有著不完全相同的理解，就會出現表面上意見分歧的現象。如果他們對問題的理解並未相同，雖然表面上提出不相容的答案，好像彼此意見不同，但這並非真正的意見分歧。只有在雙方對問題形成共同的理解，卻提出了不相容的答案時，才算是真正的意見分歧。

兩人處於真正的意見分歧時，仍可能在不一致的想法間心靈相通，理解彼此的歧見。為了達到這種理解，雙方都必須拋開偏袒的立場，以公正無私的態度看待對方的立場。我所謂的「公正無私的態度」，指的是試著了解對方為何抱持這樣的觀點。除了能夠以對方認可的方式闡述對方的立場，也能夠說明對方抱持這個觀點的理由。

如此一來，儘管你仍然不同意對方的立場，卻能以同理態度站在對方立場上思考，至少能完全理解這個自己並不贊同的觀點。彼此不贊同但相互理解——也就是在徹底理解狀態下的意見分歧——構成了最低限度的心靈相通。更全面的心靈相通，則代表互相理解且彼此同意，也就是在徹底理解的狀態下達成共識。

我們每個人都應該意識到自己在追求客觀事實的同時，也背負著道德義務。如果我們和他人處在真正的意見分歧狀態，就應該努力不懈地解決歧異，永不休止地克服差異、達成共識。

如果一次對話還不足以成功達成共識，那就改天再試，無論過程多麼漫長，都必須持續嘗試，絕不能在毫無成果時就中止爭論。停止對話等於放棄追求真理，並把這個尚未解答的問題置於「品味」的範疇，彷彿這個歧異是純粹私人性、主觀偏見所造成的衝突，毋須追求共識也不必為此辯論。

如果你發現自己和別人的立場間存在著真正的歧異，以下說法可以解釋你們意見分歧的原因。

一、「我認為你會採取那樣的立場，是因為你還不知道某些關鍵的事實或理由。」接著，你要指出你認為對方目前缺乏、而他得知後就會改變心意的資訊。

二、「我認為你採取那樣的立場，是因為你誤解了某些關鍵的資訊。」接著，你需要指出對方所犯的錯誤，而他被指正之後將捨棄原有的立場。

三、「我認為你知道的訊息已經夠多了，也對支持你立場的證據或理由有十足的掌握，但你的邏輯有誤，所以你從這個前提推導出了錯誤的結論，這是推論上的謬誤。」接著，你要指出他的邏輯有哪些錯誤，當這些錯誤修正後，他將得到不同的結論。

四、「我認為你沒有犯下任何錯誤，你根據正確的基礎，合理推導出結論，但我也認為你對這個主題的思考還不夠周密。你應該更加深入追究，得出與現在不同或更好的結論。」然後，你要能夠指出其他結論是什麼，以及這些結論如何改變或修正對方現在所採取、與你相對的立場。

3

當心靈交流的談話具有實用性質，也就是必須做出決定以採取行動時，除非對談者之間達到彼此理解的共識，或在彼此理解的狀態下保持意見分歧，否則這場談話可以說是毫無益處。

透過討論來解決實際的問題時，需要顧及時間緊迫性，因此沒辦法無止盡地追求真理。有時雖然還未能達到所有人都相互理解的程度，仍得被迫做出決定。此時，對話現場出現的不同意見都必須記錄下來，這樣未來在解決類似的問題時或可供作參考，這就像在法庭上採用多數決的情況，即便做出決議，仍然會有人支持、有人抱持異議。

記住以上這點後，可以將思考及談論實際問題分為三種不同的層次。最高層次是與眼前問題相關的普世原則，這個層次距離實際決定及隨之而來的行動最為遙遠。討論這類原則時，是可以達到心靈相通的境界，這些原則包含了可查明真相的客觀事實，因此在這個層次達成共識也是可能的。

往下一個層次，是將普世原則運用在各種環境、因應時地變化，所需要遵循的一般性規則或策略。在這個層次上，理性思考的談話者可能會各持己見，而這種歧異或許終將無法解決。第三層（即最低層次）是將一般性規則或策略應用於特定的案例，我們可以預期在以「決疑法」①推論的過程中更容易出現歧異。

舉例來說，人們對於「正義」的普世原則應該可以取得共識，儘管對於正義的本質或原則是什麼，可能需要大量的討論。我們姑且假設現在有兩個人正在討論某個實用性問題，答案涉及正義原則，而他們倆對於正義的原則取得了完全的共識。儘管他們在最高層次達成共識，但當他們前往下一個層級，繼續討論應用這些原則於某些情況時需要採用哪些規則或策略，仍無法避免意見相左。

而當他們對於要採取哪些規則或策略達到了某種程度的共識，排除歧異前往下一個層次，試著以決疑法應用這些規則，對於特定案例做出決定時，更是難以避免出現意見分歧。此時的歧見可能來自於他們對於某決定會造成的結果有不同的評估，或對於應考量的背景條件有不同判斷。

許多人都容易犯下這個原該極力避免的錯誤，也就是，由於在普世原則上取得共識，並不必然導向在原則應用時達成共識，所以就不認為在普世原則上達成共識有什麼重要性。

事實上，唯有基於對普世原則的理解與共識，才能闡述互相衝突的規則或策略。如果沒有針對普世原則取得共識，以此作為基礎，那麼在討論將這些一般性規則或策略應用於特定案例時，就缺乏合理的根據。

因此，不該因為普世原則的共識不會導向下個層次（一般性規則或策略）或再下一個層次（特定決策）的共識，而拋棄最高層次的共識，或以為這並不實用。

4

到目前為止，我解釋了在彼此理解的情況下意見分歧是非常有幫助的，這個境界值得談話者努力追求，而在彼此理解的情況下達成共識則更加有益。在此我必須補充最後

①譯注：決疑法（casuistry）指不是從理論應用到案例，而是由案例出發的推論方式。

幾個重點，關於在非個人對話（包括理論性與實用性）中，把心靈交流視為終極理想所需注意的事項。

首先，請容我說一句，我們的企圖不該太狹隘，人類應該在理性所及的範圍內達成理想的目標。我們不該因為偷懶或對追尋客觀事實感到懷疑，或因為困難而不願採取有助於提升對話品質的建議。

同時，我們也別期望過高。人類是激情的動物，也是理智的動物，人的心智常為感受所蒙蔽，而且這個容易受騙的心靈還具有種種限制。有時我們只能朝理想靠近，無法追求百分之百的程度，至少不可能在有限時空內無窮盡地追求理想。

我們無法完全馴服情緒，也不該期望自己能辦到，即便我們非常希望能掌控情緒。我們也無法完全跳脫自我，對別人徹底感同身受，看見別人眼中所見。公正無私的態度有助於從旁人角度思考，但人永遠無法達到全然公正、毫無偏私的程度。

如果某次對話結束在雙方互相理解，而且對某項客觀事實達成共識，我們也不該認為這事就此完結。針對這項共識的前提及其意義等，還有許多值得釐清的面向。假如對話結束在雙方相互理解但各持己見，同樣也還有許多任務有待完成。

說到此，有個相關的提醒：總會有其他時間或場合，可以將某個話題繼續發展下去，談得更加深入。你可以暫時停下腳步，有機會再回頭探索這個主題。當討論陷入僵局（對話時間太短是常見的情況），尤其應該參考這個建議。

最後我想提醒讀者，在一場好的對話中，參與者必須具備品格。堅忍不拔，願意承受必經的痛苦，才能促成一場品質良好的對話。此外，還要懂得節制，能夠調節自己的情感。最重要的是，你的心態必須正直公平，公道地對待他人。

第十三章　專題研討——透過討論的教與學

教學形式有三種：一是以演講和教育性演說為主的「講述教學法」，二是透過提問和討論進行專題座談的「蘇格拉底式教學」，三是仰賴教練的監督和糾正，在體育、身體及心智技能發展領域都不可或缺的「教練式教學」。

1

演講及其他形式的教育性演說是以「述說」的方式來教學，也就是採用「講述教學法」。而專題研討的形式則是以提問和討論來教學，而且是透過問答及論辯來進行，這就是「蘇格拉底式教學」。

還有第三種教學形式，那就是「教練式教學」。這種教學法對體育技能、身體技能及心智技能的發展都不可或缺。聽說讀寫、觀察、計算、測量與估計的技能，都不能只靠講述來灌輸知識，只有在教練的監督下不斷練習，由教練糾正錯誤，並力求做到正確，才可能達到精熟完美的境界。

講述式、蘇格拉底式和教練式，這三種不同的教學法與三種學習方式相關。講述式教學（以述說、講課和教科書來教學），可以有系統地習得基礎領域的知識；而所有關於心智技能方面的發展，都須仰賴教練式教學來學習。至於第三種教學形式（以提問和討論來教學的蘇格拉底式）則意在促進對基本概念與價值觀的理解。

以上三種教學法與學習方式的區別如下表所示，這是《派代亞計畫：一份教育宣言》（*The Paideia Proposal: An Educational Manifesto*）一書的重點內容。當時，我和同事極力主張美國的基礎教育應該展開根本性的變革，這本書表達了我們的觀點。

	第一欄	第二欄	第三欄
目標	學習有組織的知識	發展心智技能——學習的技能	拓展對概念及價值觀的理解
方法	講述式教學 授課與回應 教科書及其他輔助	教練指導、實際運用，以及在監督下練習	助產法①或蘇格拉底式提問及主動參與

領域與活動	語言、文學和藝術 數學和自然科學 歷史、地理和社會科學	聽、說、讀、寫。算術、問題解決、觀察、測量、估計。運用批判性思考進行判斷	討論非教科書的著作及藝術作品 參與如音樂、戲劇、視覺藝術等藝術活動

以上三欄並非對應於個別課程，也沒有哪一種教學與學習法侷限於任何一門學科。

我們提倡的革新之一，就是呼籲學校恢復教練制度——教練在現代體系的十二年教育中幾乎已經完全消失。這場改革也提議學校引進蘇格拉底式教學，也就是以專題研討來教學。除了極少數的例外，「專題研討」這類活動完全沒有出現在學校的基礎教育中，只有極少數的大學會舉辦。

由於缺乏專題研討式的教學，年輕人在心智發展的歷程中會遇到一道巨大而可悲的鴻溝。我相信以專題研討來教導與學習，能為成年人持續學習的過程帶來豐碩的成果，這是根據我自己長年的教學經驗所得到的結論。

2

至今，我已經運用專題研討的方式進行了六十年的教學，對象包括中學生、大學生、參與閱讀及討論的成年人，以及參與阿斯本人文學會主辦之專題研討的成年人。長年的經驗使我確信專題研討（希臘或蘇格拉底式，而非德國模式）不只屬於大學生，也應該在中學進行，在我看來，中學生已證明他們能從專題研討獲益的程度不輸大學生，甚至在某些方面是更好的參與者。

我也深信專題研討這種教學方法適用於成年人的學習，特別有助於增進對某些基本概念與議題的理解。然而，這種學習應該、也可以在他們更年輕時就及早開始。

過去幾年，當「派代亞小組」（Paideia Group）致力於為美國基礎教育擬定改革計畫，我也同時進行了阿斯本的專題研討教學，對象為十到十八歲的年輕人。應各種體制的學校之邀，我巡迴各地在中學進行專題研討，藉此示範蘇格拉底式教學法。上課

①譯注：助產法（maieutic）由蘇格拉底提出，指如助產般引導、啟發，而非強迫式教學。

時，學校老師也會從旁觀摩。我的經驗完全說服了我，各層級的基礎教育都有必要引入這種教學法與學習法。

參與專題研討的學生用最強烈的字眼告訴我，這是他們第一次被要求思考各種概念與議題，也是他們首次針對重要主題表達並捍衛自己的觀點。一場又一場的專題研討明確顯示，過去的教育從未提供他們任何準備、幫助他們進入專題研討特有的學習情境。他們從未預備好思考與重要概念相關的問題，而且是只為自己思考，也從未學會如何清晰而連貫地說話和好好聆聽。

一場專題研討的理想主題是概念、議題和價值觀。討論內容可以來自閱讀偉大著作或選文，當然，其他經過精心挑選的讀物也會對討論很有幫助。

在專題研討中，甚至可以完全不用閱讀素材，純粹以提問的方法來進行。過程中，邀請參與者表述他們對某些基本概念（例如進步、自由或正義）有何理解。當他們的答案浮上檯面，並藉由更多問題進一步檢視這些答案後，參與者就可以從各種角度來探索概念。此時，大家對這些概念的意義可能會出現互相衝突的看法，接著便可探討隨著衝突浮現的議題。

若要完整報告過去三十年來我進行「阿斯本專題研討」（Aspen Executive Seminar）

的經驗，得花上大量的篇幅，在此我不擬贅述。但為了本書讀者，我在**【附錄二】**收錄了一篇一九七二年我在阿斯本人文學會發表的演說。這篇講稿不僅呈現專題研討中採用的一系列選讀作品，也摘要了我和其他參與者在討論作品概念後，得到了怎樣的收穫。

我在本章後續將試著從專題研討的教學經驗中擷取精華，說明我對這類專題研討應該如何進行的建議。

前兩章提到的規則和建議提供了指引，讓每一種對話都能充滿樂趣又帶來收穫，當然，這些規則也適用於專題研討中出現的對話。專題研討不過就是一種特殊的對話或雙向談話，由一位或（有時是）兩位主持人帶領，掌控對話的過程，以及從開始到結束的進行方向。

我將另外提供一些規則或建議，主要是關於「主持人」如何在專題研討的過程中扮演好這個角色，以及參與者如何在討論中回應，才能讓專題研討的成果更加豐碩。

3

讓我從這點切入。我先談談什麼**不是**專題研討。

專題研討不是小考時間，不是由老師提問是非題，再告訴學生答案。專題研討不是由演講偽裝而成，不是由老師提問，短暫地聽取一兩個令人不甚滿意的答案，然後便開始冗長地回應自己的問題，結果發表了一場演講，提問只是其中的逗點。專題研討不是經過美化的「吹牛大會」，不是任由每個人暢談個人偏見，或詳述自認重要的經驗。

以恰當的方式進行專題研討（透過問答並討論其意義）所能引發的學習經驗，是這些仿冒品無法提供的。為了達到學習目標，需要有能夠討論的題材。理想上是由主持人基於閱讀素材或在沒有建議讀物時，提議以某些概念、議題或價值觀作為討論內容。

專題演講還有一些先決條件。其一為時間長度。一場好的專題研討需要足夠的時間鋪陳，至少一個半小時，更常為兩個小時以上。一般常規的五十分鐘課程長度，遠低於開展這類討論所需的時間。

第二項條件為教室的擺設。專題討論的教室裡應該準備一張空心圓桌，更適合的是在阿斯本用的那種大張六角型桌面，參與者可以圍繞桌子而坐，談話時彼此面對面。這種場地的陳設與一般教室不同。在一般課堂教室或演講廳裡，老師或講師會站在聽眾前方，學生一排排坐著聽老師說話。演講廳型的空間對於不中斷的演說和靜默聆聽之類的情境很理想，但在一場雙向談話中，每個人都要說和聽，因此非常不適用這種教室或講聽。

第三項先決條件是參與者的心態要保持開放且受教。包括主持人在內，所有參與者都應作好心理準備，在參與討論後心態上可能的改變。參與者應該對新觀點保持開放的態度，也願意思考新的觀點，而非固執地排斥過去不曾有過的想法，或純粹被動地聽從別人的看法。

「受教」（意思是願意接受教導）是在任何形式的學習中最重要的美德。擁有這項美德，有助於在決定採納或拒絕一項新觀點之前，先以開放、接納的心態來檢視觀點。有些人固執己見又好發議論，經常只為了爭論而爭論，而不是為了學習而爭論；有些人則過於順從，在接受別人的觀點之前，沒有進行批判性的思考。這兩種人都欠缺受教的美德。

4

主持人肩負三重任務。一、提出一系列的問題以掌控討論並引導方向。二、引導出參與者所持的理由或答案中的涵義，藉此檢驗他們的答案。三、當參與者提出的觀點似乎相互衝突時，引導雙方展開雙向談話。接著，就由參與者彼此對談，主持人會不時加入，這個部分才是專題研討的核心。

為了稱職執行第二及第三項任務，主持人必須主動聆聽、積極提問。根據我長年主持專題研討的經驗，我知道這是主持人最重要的義務，也是最難做好的工作。

聆聽專題研討中二十到二十五位參與者每人及每次的發言非常累人，但主持人必須克服疲累，在整場討論中主動聆聽。要在一天內發表兩三場演講並不困難，但我強烈懷疑誰有力氣在一天內主持超過一場的專題研討，還能維持良好的品質。

提問也需要主持人投注心力。如果他只是像個會議主席般坐在後頭，邀請眾人發言，在有人陸續表示要發言時依序點名……這樣並不能算是個稱職的主持人。這種作法或許可以維持秩序，避免有人同時發言，但絕對無法創造出專題研討所意圖激發的學習效果。

我認為，專題演講中的學習效果，根本上來自主持人所提出的問題。提問應該要能創造議題，在有人回答問題之後，引發更多的問題。這些問題的答案通常不是簡單的「是」或「否」。如果出現假設性問題，這個假定所隱含的意義或及其造成的結果應該受到檢視；如果有些問題十分複雜，由數個部分組成，那就該有系統地拆解討論。

最重要的是，主持人必須確保參與者接收到且聽得懂問題，而不是只把問題當作提問者發出的訊號，聽到這個訊號，就開始講述剛好想到的事，不在乎自己的回答和當下討論的問題是否相關。

主持人應堅持參與者要聽懂他的問題。當參與者聽不懂，就要以不同說法一遍又一遍重述，或列舉不同的例子來說明。主持人應事先提醒參與者，除非他們很確定自己聽懂問題，否則不要開始回答。只要他們沒聽懂，就必須堅持要求主持人重新闡述問題。

以上種種條件都需要主持人與參與者雙方付出極大的心力，並極為主動地投入。更不用說雙方都必須專注聆聽，發言時盡可能清楚表達。沒有人應該忍受自己說話時對方心不在焉，或別人含混不清、雜亂無章的說詞，也沒有人應該聽到大致合理的論述就覺得滿足，不再深究背後的理由，或不去深究這番論述將造成怎樣的後果。

5

我在前文描述了如何以「蘇格拉底式提問」進行專題研討，但未特別說明專題研討的種類。有一種專題研討的參與者全部都是成人，例如阿斯本專題研討，這類專題研討的主持人可能不是專業教師。至於學校或大學舉辦的專題研討則頗為不同，主持人是專業教師，而且主持人及年輕參與者之間有著年齡與成熟度上的差距。

就前者而言，專題研討的目的是協助成人在離開學校後繼續學習，後者則為學校教育的必要成分，理想的學校教育應該能幫助學生為成年階段的學習作好準備。倘若沒有專題研討，無論一個人在年少時受過多麼優良的學校教育，都不算具備高度教育水準。

當教師因應學校的要求，主持專題研討，他們很快會發現，蘇格拉底式教學與他們習以為常的講述式教學完全不同，而他們可能只嘗試過講述式教學。

採取講述式教學時，老師必須懂得比學生多，否則這位老師在他自己或學生眼中就不能勝任這個角色。老師擁有學生應該習得的知識，講課就是將知識由老師傳遞給學生。

專題研討中的蘇格拉底式教學則非如此。在專題研討中，老師擔任主持人，同時也是個學習者，只不過他比學生們更懂得如何學習、更有能力理解這些討論的素材、也更有能力藉由睿智的對話或討論來理解事物與學習。

帶領討論時，對於任何值得在討論中探索的問題，老師都不該自認已經知道所有的正確答案。許多值得提出的問題並沒有正確答案，而是存在著許多不同答案，競逐著眾人的關注、了解或評價。因此，帶領討論者需要具備的能力包括能夠察覺哪些是重要問題、哪些問題背後有值得思辨且需要做出評判的答案。

《派代亞計畫》即將出版的消息傳開時，《美國教育委員會期刊》（*The American School Board Journal*）邀我寫一篇文章，談我為年輕人主持專題研討的經驗。他們也請我提出建議，好讓美國的學校（至少從七年級開始）都採行這種教導與學習的方式。本書的**【附錄三】**便摘錄了此篇文章的部分內容，也就是我對於如何安排與進行這種專題研討所提出的建議。

第五部

結語

第十四章　人類生命中的對話

由於人類可以共享思想與感受，在相互理解的狀態下達成共識或抱持異見，因此人類是唯一能夠透過對話交心的動物。對話連結了包括丈夫與妻子、家長與小孩等家庭成員；而經由對話，愛侶們除了在身體上結合，也能在精神上結盟。

1

在所有人類行為中，人與人之間的對話最能彰顯生而為人的特性。長期而言，人類與動物，或是人與機器之間的根本差異，最後可能只在於「對話」這唯一的一項活動。

人類在本世紀已經成功訓練黑猩猩用手語表達極為有限的字彙。有些人不具備批判性思考的能力，對該現象賦予了充滿幻想的詮釋，覺得黑猩猩看來就像在說話以及回應人類的問題。然而，黑猩猩並沒有彼此交談，牠們在自然狀態下也不會對話。牠們會發出訊號溝通，就像其他高等哺乳動物（包括瓶鼻海豚在內）一樣，但那些訊號無法指涉牠們感知到的客體或思考的對象。

重點不在於人類是唯一會和同類溝通的動物；所有社會性動物都會以某種形式溝通；重點在於溝通的種類。人類以雙向談話進行的溝通可以達到心智交流的結果，人類能夠共享對事物的理解、感受與期盼。

也因為能夠共享思想與感受，在相互理解的狀態下達成共識或持不同意見，使得人類成為唯一能夠真正**交心**（*commune*）的動物。其他動物雖然會對同類發送訊號以傳達情緒或感情，但牠們之間仍然存在著隔閡。倘若人類沒有這種思想與情感的交流，就無法形成社群；而要達到交心的程度，必得透過對話來完成。

我們在本世紀見證了人類創造出電腦，並稱頌電腦是具有「人工智慧」的機器。電腦發明家及擁護者表示，電腦將在短期內達到人類心智能力所及的程度。他們進一步宣稱，這些機器有一天將能模擬人類的行為，例如閱讀與寫作、聆聽與說話，以及計算、問題解決與決策。他們預測未來的機器在這些行為上的表現，將與人類不分軒輊。

早在三個世紀前，法國哲學家笛卡兒已經反駁此類預言，主張人類與機器之間至少在一件事上始終有所區別。笛卡兒說，機器永遠無法成功模擬、表現得近乎人類的這件事，就是對話。對他來說，若要測試人與動物、人與機器間的根本差異，那個決定性的考驗就是對話。

在笛卡兒的《方法導論》(*Discourse on Method*)一書第五卷中，他承認如果一台機器設計得十分精細複雜，或許可以成功模擬某些動物的表現，因為動物欠缺智能、理性或概念性思維。假如有某種機器不知何故具備了猴子或其他沒有理性的動物的器官及外表，笛卡兒同意「我們沒有任何方法可以確認，這些機器與動物在本質上有何不同。」他又寫道：

> 任何愚蠢墮落的人，甚至包括傻瓜在內，都可以將不同的字詞組織在一起，形成表達思想的論述；這個事實真是驚人。同時，沒有任何動物能做到這件事，無論牠們具備多麼完美又有利的條件……
>
> 會說話根本不是難事，這不只表示動物的理性低於人類，而是代表動物根本完全沒有理性……

笛卡兒哲學中的一項重要論點是**物質無法思考**。因此，他用機器——純粹由物質形成的結構——來挑戰與他立場相反的唯物論者，這和他思想的整體要旨頗為一致。他在以下段落中猛力挑戰唯物論點。我只摘錄一部分：

> 如果有些機器的外觀與人類身體相似，並能在確實（實際）可行的程度上模擬人類的行動，我們還是能以兩項特定測驗來區辨這些機器是不是真正的人類。
>
> 第一是機器永遠無法像我們一樣，為了有益於他人，而運用語言或其他訊號將思想記錄下來。我們可以輕易想像一台機器被打造為可以說話，甚至在別的物體對它做出某個動作時，能以構造上的改變來回應。例如，你碰一下機器的某個構造，它可能詢問你要對它說什麼；碰到另一處，這台機器則會大喊有人要傷害它。但這台機器永遠無法用各種不同的方式組織語言，以適當回應別人對它說的話，甚至連人類所能達到的最低程度都辦不到。

就我所理解的，笛卡兒在此強調了人類對話中近乎無限的彈性與變化。如果有兩個人長時間持續地交談，期間只因睡眠而短暫中斷，沒有人能預測他們的對話將如何進展、他們會交流些什麼內容、他們會問些什麼問題或如何回答。

正是人類對話中的這種不可預測性，使得由程式控制的機器無法完全模擬人類，並達到與人類無異的程度。笛卡兒斷言物質無法思考，這句話在二十世紀的新版本如下：任何人類科技創造的巫術，都無法將物質塑造為真正能夠思考的機器。

在【附錄一】的演說中，我嘗試解釋箇中緣由。我想，我在那篇演說中說明了機器將永遠無法進行類似對話的活動。與其在此重複論點，我建議讀者翻到【附錄一】參考相關論述。

若讀者被我的論述所說服，就會贊成我的結論，認同只有人類心靈（也就是具有概念性思維的心智）可以彼此對話。人與動物及擁有人工智慧的機器之間存在著根本上的種類差異，這句話背後不可辯駁的證據，就在於人與人能夠藉由雙向談話，達到心靈交會的狀態。

2

人類能夠透過對話交心，這點在我們的生活中具有重大意義。對話連結了家庭的成員，包括丈夫與妻子、家長與小孩；而經由對話，那些試圖合而為一的愛侶除了在軀體上結合，也能夠在精神上結盟。

請注意，我並沒有說「交心**是由**人與人的對話**達成**」，而是說「交心**可以由**人與人對話**達成**」。人類有時（事實上是經常）無法在雙向談話中好好說話和聆聽，因而未能交心。若丈夫與妻子無法交心，那麼他們之間將只存在著性的連結，無法在精神上相通，如此一來通常難以維繫婚姻。離婚時常肇因於夫妻間無法經由對話來溝通，這個原因的常見程度並不亞於性吸引力的削減。

配偶間只有身體上的交流，是完全不符合人性的。可以親密地談論自己的事或分享情緒也不夠，若沒有主題多樣的對話來賦予婚姻中的活力，讓彼此產生共鳴或理解，最後只會徒留空虛。

親子關係也是類似的情況，所謂的「代溝」同樣來自孩子（尤其是青少年）與父母之間溝通失敗，導致空虛的關係。若處在青春期的孩子和父母之間的藩籬被解除，最明顯的徵兆就是孩子能再次自在而坦誠地與父母對話。青春期分隔了父母與子女，但這種交心的溝通則讓他們重聚。如果他們不再交心，將形成永久疏離的關係。

無論是因為夫妻離婚或親子關係疏離，一個離異破碎的家庭關係說明了家族成員之間的對話品質徹底惡化——如果他們曾經彼此對話。除了家庭的連結，朋友與情侶之間也會面對相同的處境，唯有雙方都有能力也持續努力對話，而且這些對話令人獲益又能樂在其中，他們的友誼與愛才能以真正交心的狀態長存。

根據亞里斯多德的定義，最高尚的友誼是兩個具有相似特質與美德的人彼此交心。我想加上一點，這樣的友誼也包含透過深刻的對話，達到心靈上的交流。

無論人類的對話能多麼有效地促成心靈交流，都無法徹底消除身為個體的孤獨。我們所有人都在某種程度上囚禁於內心的孤獨裡，總是有些想法與感受無法完全與人共享。我認為，我們可能永遠不會像動物那樣封閉內心的交流，但也永遠難以徹底跨越交心的障礙。神學家眼中的完美社群——在天堂裡，聖人彼此交心，天使隨侍在側——在人世間永遠不會出現。

3

現在，我們從個人生活轉向政商領域，更清楚地看到良好對話在這兩種脈絡下發揮的效益。

大部分公司都會舉行為時不短的會議，假如仔細評估開會效益，就會發現這些會議經常太過頻繁、冗長，也太浪費時間與精力。這些會議的議程往往缺乏組織，討論過程不斷偏離主題。參與者在交換意見時不專心又聽得不夠仔細，難以提出與別人發言相關的回應，而在場者的發言也常表達不佳、不吸引人或不值得仔細聆聽。結果，會議中的討論通常未能朝著決議步步進展。

倘若某一場召開過的會議未能達到想法的交流，眾人就需要再開一次會。通常第二場場會議開始時，也沒有人會為上次會議做出適當的摘要。這場會議經常充斥著重複的對話，而非就已經討論過的基礎往前進展。

我想分享一個自己的經歷，以說明改進商務會議的重要性。一九三〇年代後期，由於我和哈欽斯在芝加哥大學提倡的改革面臨了阻礙。我挫折不已，正考慮離開芝加哥大學，接受紐約梅西公司（R. H. Macy and Company）的工作機會。他們提議的薪資是教授薪水的六倍。我詢問董事長史特勞斯（Percy Strauss）我的工作頭銜為何，他說我會擔任某部門的副總裁。我又詢問了工作職責，他回答，主要是思考梅西公司各面向的營運。

對我來說，這似乎有點模糊。我請史特勞斯先生給我更具體的答案。他沒有說明，反而問我能為公司做些什麼，才抵得上我領的薪水。

我告訴他，在我能力所及的範圍內，我會優先主持梅西公司的會議，讓會議更有效率，並減少開會頻率。這樣公司裡的高級主管也不再需要時常離開辦公桌、暫停重要業務，只為花費數小時聚集在會議室的圓桌旁。

梅西的董事長很快計算了一下高級主管的年薪，馬上明白了少花一些時間開會並獲得更好的成效，能省下多少錢，又將帶來多麼高的效率。於是，他毫不猶豫地說，如果我真能兌現承諾，我這份工作帶來的價值，遠比我的薪水還要高。

我所說明關於商務會議的原則，同樣適用於大學的教職員會議、醫院裡醫師召開的政策會議，以及基金會等非營利組織的負責人聚在一起，討論如何解決實務問題並達成影響未來方向的決議。

4

一個共和體制的命脈，在於多數人民、公職員或候選人能對公共議題進行公開的討論。若一個共和政體對於我們所謂的「公共事務」沒有任何討論，那麼就會淪為紙上談兵，彷彿一個沒有軍隊也毫不考量戰略的軍事機構。在這種情況下，無論這個共和政體的公民是直接參與政治或採取代議政府的形式，都沒有差別。

古希臘與羅馬共和政體中，市集和廣場的存在便證實了公共討論在當時生活中所扮演的角色。「SPQR」（Senatus Populusque Romanus，元老院與羅馬人民）為羅馬共和興盛時期的象徵，顯示出貴族與平民、元老院議員與人民共同參與政府的運作，而政治參與總是包含了公開地討論公眾議題。

凱撒稱帝之後，帝國與專制取代了共和政府，公共討論因此被禁止。此後，人民只聚集在圓形競技場或馬戲團，沉溺於殘暴的消遣，不再討論公共議題。元老院議員也停止公開論政，並避免其他人得知議員們對公共事務的想法。隨著討論中止，凱撒和他的禁衛軍接手統治帝國，共和政體就此消亡。

現代共和國多為代議政府，設有議會、國會或其他名稱的立法機構，以此取代古代共和政體中的市集與廣場。在這些名稱中，「議會」一詞最能彰顯這個名稱的實際意涵，因為它的字源顯示出這個政府的分支部門與說話或談話相關，而這當然是指牽涉到公共事務的談話。

我國的憲法修正案中加入了人民的集會權並保障言論自由，這顯示出能不受拘束地參與公共討論，對共和體制的延續有多麼重要。

憲法法條或許能保證人們自由公開地討論公共議題，但無法確保討論的品質，不管是民意代表在國會的討論，或人民為討論政治而發起集會。任何憲法法條或政府作為都無法擔保公共討論的品質，只有提升全體人民所受的學校教育品質，才有助於增進公共討論及政治辯論的水準。

提升教育品質的首要工作包括改善學生說話與聆聽的能力，使他們能有效對話，並增進對基本政治概念及政府架構下政治原則的理解。

在合法選舉的年代及民主共和體制來臨之前，這種教育只侷限於少數公民，但時至今日，既然「我們人民」的意思就是「我們所有成年及具有理智的人」，那麼就應該將改革後的高品質教育平等提供給所有人，如同全民選舉那樣普遍。

多年前，大英百科全書公司出版了一套《西方世界的偉大著作》，邀請羅伯特·哈欽斯撰寫導論，標題為「偉大的對話」（"The Great Conversation"），指的是這些偉大著作的作家針對某些共同主題展開持續的對話，構成了西方思想的傳統和基本架構。

我在編輯這套書的「主題索引」時，嘗試為導論中的見解提供佐證，我收集來自偉大著作中的段落，以及近三千種主題的對話。在這些對話中，有些主題是幾乎所有作者都共同討論過的。

哈欽斯在〈偉大的對話〉開頭，不僅表明偉大的對話最能體現西方文化的傳統，也指出西方文明決定性的特點，就在於它是一種「對話的文明」；也只有西方文明可以稱得上是對話的文明。我想完整引用這段話：

有史以來，西方文化的傳統就體現於偉大的對話之中，並且延續至今。無論其他文明在各方面有何長處，沒有任何一個文明如同西方文明那樣，在這方面如此突出。沒有其他文明能宣稱這類對話是它們決定性的特點。沒有其他文明像西方文化這般，擁有為數眾多、觸及心靈的偉大著作致力於對話的書寫。西方社會的目標就是對話的文明。西方文明的精神是追問的精神，最重要的元素為「邏各斯」(Logos)①。在西方文明中，沒有什麼事未經討論，每個人都能用語言表達所思所想；也沒有什麼未經檢驗的預設。人們相信若要實現這個民族的潛力，必定得經由思想交流來達成。

①譯注：「邏各斯」(*Logos*)，希臘文，原義為話語，也有理性、原理等意義。

書寫對話以展現哲學思考的作法源自古希臘，並持續到古羅馬，之後在中世紀的大學轉為口語辯論，例如阿奎那（Thomas Aquinas）就用了很長的篇幅來記錄對話，現代人的對話記錄則可見於柏克萊主教（George Berkeley）、休謨（David Hume）及其他人的對話錄中。

休謨於《論公民自由》（*Civil Liberty*）一書中肯定對話在人類生活與社會中的核心地位，並讚揚法國人在這方面超越了希臘人。法國人在某些層面甚至較希臘人更為出色，他們使生活藝術臻於完美，那是最實用也最受人喜愛的藝術，也就是和社會對話的藝術。

懷抱著對法國人應有的尊敬，十八世紀的英國及當時的美洲殖民地也興起對話風氣。如果沒有這種風氣，今天可能沒有美國這個國家。十九世紀末，對話風氣開始衰頹，這股態勢在今日降至最低。隨著受教育人口由少數增長為多數、再由多數擴及所有孩童，公共教育的品質逐漸下降，而對話的勢微就與此現象互為表裡。

5

最後，讓我們從國內及地方政治轉向國際之間，對話的重要性在這個場域躍升到最高點。國際戰爭往往起因於國家間外交對話的失敗。當新聞報導國與國之間「對談惡化」或「關係破裂」，就預示了往後的發展。如果兩國間的利益衝突嚴重到一定程度，除了以戰爭來確保自身利益外，別無他法。

西元前一世紀，古羅馬哲學家西塞羅（Cicero）振振有詞闡述了此一論點。他寫道：

> 平息爭端有兩種方法，其一為訴諸討論，其二則是動用武力。第一種顯示出人的特性，第二種則為獸性的表現。除非討論失敗，否則我們不該以武力解決。

幾世紀後，義大利政治哲學家馬基維利（Machiavelli）和英國哲學家洛克（John Locke）以稍有出入的文字，表達了相同的主張。馬基維利寫道：

……戰鬥的方法有兩種，一種是訴諸法律，另一種則訴諸武力。第一種方法是人類的方法，第二種則屬於野獸。不過，第一種方法往往不足以解決問題，這時就必須採取第二種方法。

洛克對同一觀點的論述如下：

人與人之間的競爭有兩種，一種透過法律處理，另一則透過武力處理。這兩者的相同本質在於，其中一種總是肇始於另一種結束時。

馬基維利和洛克所說的藉由法律戰鬥或主導競爭，等同於西塞羅想到的優先以討論而非武力來擺平爭端。透過法律裁決爭論或利益衝突的過程中，必定涉及討論。只有正當建立的政府才擁有這種壟斷的力量，得以施行法律判決，任何其他未經授權的力量皆屬於暴力，而運用暴力就構成了犯罪、恐怖主義或戰爭。

戰爭即為武力的場域。其中，我們所謂的「冷戰」雖然並未運用武力或訴諸實際的軍事行動，但確實是一種戰爭狀態，而非和平狀態。因為在冷戰中無法透過討論或經授權之法律判決來平息爭端。

因此，只要能透過討論或法律判決來平息爭端，和平就存在，也就無須採取實際的軍事行動。若要維持以對話作為平息爭端的手段，需要由公民政府來提供相關機構。如果政府機關運作得宜，就不會允許對話失敗，導致個人或國家必須訴諸武力；如前賢所述，那是叢林野獸所使用的方法，不該為文明社會中的人民所用。

從這份對戰爭與和平的理解中，我們學到世界公民的和平需要可執法的世界公民政府，任何地方的公民和平也需要可執法的地方公民政府。我完全理解，這在多數人耳中聽來像無望的幻想或不可能達成的提議。他們的第一反應是：建立一個類似美國政府、具有聯邦結構的世界公民政府，是個無法實現的烏托邦理想。由於實現世界公民政府涉及國家主權的讓渡，如果人們心中存有根深蒂固的偏狹國族主義，勢必會排斥這種理想，認為它不值得追求。

我的回應是，世界公民政府的理想的確值得追求，不只因為它可以達到世界和平，也因為它是必須且可達成的。世界公民政府是可行的運作，就如美洲十三個殖民地獨立後，才發覺他們在採行〈聯邦條例〉後陷入嚴重的爭執，因此讓渡主權，最後才形成了「美國」這個聯邦共和國。

漢彌爾頓（Alexander Hamilton）、麥迪遜（James Madison）與傑（John Jay）在《聯邦論》（*Federalist Papers*）的最初九篇文章中支持採取美國憲法來替代〈聯邦條例〉，其核心論點就是提倡組成聯邦政府——這是種更完美的聯邦，就如〈美國憲法序言〉中所宣稱的。

這幾位作家認為，在〈聯邦條例〉的施行下，新大陸這幾個獨立的州很可能陷入戰爭，理由與舊大陸各國之間長久爭戰的原因如出一轍。如果這些國家今天還存在，他們也會爭論類似的事，認為〈聯合國憲章〉在避免戰爭方面，並不比〈聯邦條例〉好上多少。

我想補充最後一點。第一枚原子彈在一九四六年落下後（這枚原子彈在芝加哥大學首次創造出核分裂反應後誕生），當時的芝加哥大學校長哈欽斯創建了「世界憲法建構委員會」。經過兩年的思考與討論，這個委員會產出了一份由芝加哥大學出版的文件，標題為「世界憲法預備草案」（"Preliminary Draft of a World Constitution"）。

在我看來，這份文件提供了思考基礎，認為成立世界政府不只對促成和平是不可或缺的前提，也是可行之道。唯一的疑慮是它可能成立得太晚，來不及阻止足以毀滅世界、消滅文明的戰爭。

6

在最後的結論中，我想強調對於擁有充裕時間從事休閒活動的人而言，對話在個人生活中扮演了什麼角色。我所謂的「休閒活動」並非為了消遣或放鬆而玩樂，而是有助於學習，使人在心理、道德及精神層面有所成長的活動。

有些休閒活動可能在完全孤立的狀態下進行，例如閱讀與寫作或藝術創作。有些休閒活動屬於社交活動，人們一起參與，例如對話或雙向談話。在進行運用智識的工作時，無論它具有什麼樣的性質，如果該計畫有好幾個人一起合作，也會需要對話或討論。從事休閒活動對於人在成年後的教育是不可或缺的，學校教育不過是整個教育歷程的開端，而且學校教育應該要幫助每個人預備往後的學習。若一個人在成年階段沒有繼續學習，那麼不管他曾受過的學校教育多麼完整，都不能算是真正擁有高等教育程度的人。

這種成年期的學習應該採取什麼方式？我的答案有三部分。

第一種學習形式，是在個人生命經驗中探索人生與社會。第二種是從閱讀中獲取知識並拓展對事物的理解，因此所讀的書籍必須提供這類幫助。第三種則是投入有益且使人樂在其中的對話，包括關於旅遊中的發現、讀過的書籍、對知識及事物的理解，而且能從中得到收穫。

只進行了前兩種的學習而缺乏了第三種學習，你在成年期的學習歷程便不算完整。這正是學習好好說話與聆聽，對所有人而言都如此重要的原因。

【附錄一】

哈維・庫興紀念演說

一九八二年四月於「美國神經外科醫師協會」年會中發表

前言

一、我十分榮幸受邀發表「哈維・庫興紀念致詞」——或者我用正式的名稱：「紀念演說」。我希望我的表現達到致詞的水準，但我不確定能不能達到演說的程度。

二、榮幸的是，我來自屬於軟科學的心理學領域，以及甚至是更軟性的哲學領域，卻能站在你們面前，而你們是標準硬科學的頂尖代表，我覺得受寵若驚。

1. 肯普．克拉克醫師初次聯繫我時，我很猶豫要不要接受邀請。我不知道是不是因為大家期待我展現演講的口才而讓我心生畏懼，或者哈維．庫興的盛名令我猶豫不決。

2. 後來，我心中湧現許多回憶，因而消除了我在這兩方面的顧慮——我不只想起自己對庫興醫師有多麼景仰，也想起我早期對神經生理學的研究充滿興趣。

3. 早先和克拉克醫師通電話，我告訴他，一九二〇年代早期，在我還是哥倫比亞大學心理學系的年輕講師時，我會跑到靠近第十大道位於第五十九街上的醫學院，去上蒂爾尼（Tilney）教授與艾爾文（Elwyn）教授的神經解剖學課程。

   a. 解剖學家艾爾文教授負責大量的課程，並監督我們做脊椎切片的顯微鏡檢查。

   b. 蒂爾尼教授是當時最好的神經醫學家之一。我清楚記得，有天傍晚他穿著晚宴服來上課，告訴我們他被診斷出有腦部病變，然後講解這個疾病在治療時會採取哪些手術程序。

三、我學心理學，也教授心理學，無可避免地對腦部和中樞神經系統感興趣。

1. 威廉・詹姆斯（William James）撰寫的兩冊《心理學原理》（*Principles of Psychology*）中包含諸多對心與腦關聯性的推測；拉德（Ladd）與伍德沃斯（Woodworth）所著的《生理心理學要素》（*Elements of Physiological Psychology*）也是如此。如果你在今日讀了這兩本書，會因過去人們還不理解許多科學知識而感到趣味十足。

2. 近幾年，我讀了更多這個領域的近代著作。在此只略提幾本：

- 《神經系統的整合行動》（*Integrative Action of the Nervous System*），C. S. Sherrington 著。
- 《鼠與人的腦》（*The Brains of Rats and Men*），Judson Herrick 著。
- 《心智的神經心理學基礎》（*The Neurophysiological Basis of Mind*），J. C. Eccles 著。
- 《大腦與智能》（*Brain and Intelligence*），Ward Halstead 著。
- 《心智的體現》（*Embodiments of Mind*），Warren McCulloch 著。
- 《大腦機制與智能》（*Brain Mechanisms and Intelligence*），K. S. Lashley 著。

〈心智的生理基礎〉（"The Physiological Basis of the Mind"）一文，由 Wilder Penfield 撰著，收錄於《掌控心智》（*Control of the Mind*）一書。

3. 晚近幾年，人工智慧領域之科技與實驗研究的進步，開啟了我對心智的生理基礎這方面的興趣，我轉為閱讀下列這類書籍：

- 《電腦與人腦》，約翰・馮諾曼著。①
- 《心智與機器》（*Minds and Machines*），由 A. R. Anderson 主編之論文集。
- 〈電腦與智能〉（"Computing Machinery and Intelligence"）一文，圖靈（A. M. Turning）撰。
- 《大腦的程式》（*Programs of the Brain*），J. Z. Young 著。
- 《腦力激盪》（*Brainstorm*），Daniel C. Dennett 著。

4. 假如我看來像在班門弄斧，請各位見諒。我會提到自己如何優遊在神經生理學及人工智慧領域的文獻中，只因我現在要從哲學層面——甚至形上學的角度——來探討心與腦的問題。而在那之前，我想先減輕你們可能出現的疑慮。

a. 你們可能懷疑，因為近代出現許多先進的科學研究，而我的哲學思索奠基於神聖又古老的理論，如今已經不適用了。

b. 你們可能猜想，因為我是以哲學家身分來跟你們談話，我會以為在演說時，可以對相關的科學知識抱持著傲慢無知的態度。

c. 我向你們保證，以上懷疑都沒有充分理由。我對神經生理學最新發展的了解可能尚有不足，但我期盼你們馬上會發現，我對心與腦的哲學思索並未排除必須考量的事實。

四、我想和你們一起思索兩個主要問題：

1. 我們對於腦部和神經系統（包括中樞神經系統和自主神經系統）的認識，無論是現在已知或將來有待發現的，是否足以解釋所有的動物行為？

2. 假定第一個問題的答案是肯定的，那麼，第二個問題是：這是否代表只要我們在現在或未來能了解人類的腦部和神經系統，那麼也將能夠順利解釋人類的行為，尤其是關於人類的思考？

①譯注：《電腦與人腦》（*The Computer and the Brain*），約翰·馮諾曼（John von Neumann）著。中文版由台灣商務出版，二〇〇〇年。

3. 我很確定你會發現，在第一個問題的答案為「是」的情況下，第二個問題的答案取決於以下關鍵：人和動物之間存在的是種類或程度上的差異？

五、我想用以下程序來探索這兩個問題的答案：

1. 首先，簡短解釋「種類差異」與「程度差異」有何不同，特別是種類上的差異還包含兩種模式——根本上與表面上的差異。
2. 其次，為了說明根本上的種類差異，我將探討人類與天使之間的關聯性，以消除人們對心與腦之間有何關聯的錯誤看法（我希望你們會同意那是錯誤的）。
3. 第三，探討人類與動物、人類與用以體現人工智慧的機器之間的關聯性。
4. 最後，提出我對人類的心與腦之間有何關聯的看法，我認為我的觀點是正確的，除非神經生理學或人工智慧領域的實驗研究能在未來成功反駁我的觀點。

種類差異與程度差異

一、在兩件事物中，一者在某方面高於另一者，就是程度差異。

1. 例如，兩條不同長度的線，只具有程度上的差異。
2. 與上個例子類似，兩個頭腦的重量或複雜性不同，但也只在程度上有所差異。

二、當一者具有另一者完全沒有的特徵或屬性，則屬於種類差異。
1. 例如，長方形有內角，圓形沒有，這兩者就存在著種類差異。
2. 因此，脊椎動物有腦部和中樞神經系統，如果另一種生物不具備這些器官，那麼牠和脊椎動物之間就存在著種類差異。

三、表面上的種類差異則是指，在種類差異之下有著潛藏程度的不同，因此可以用程度差異來解釋。
1. 例如，水與冰的區別就表象而言，存在著種類差異（你可以走在冰上，但不能走在水上），但這種差異其實可以用水分子運動的速率來解釋，那就是潛藏的程度差異。
2. 與上個例子類似，人類和其他動物在表象上的種類差異（有些人類能做到的事，動物完全辦不到）可以用腦部複雜程度的差異來解釋。若是如此，這樣的種類差異就屬於表面上的。

四、如果種類差異無法以任何潛藏的程度差異來解釋，就屬於根本上的種類差異，但其中一方必須具備另一方完全沒有的某種元素。

1. 想想看，植物和高等動物有什麼不同？看起來是種類差異，因為動物可以行動，但植物完全不行。

2. 動物擁有腦和神經系統，而植物沒有，如果只以這個層面來解釋植物和動物間的種類差異，那麼這就屬於根本上（而非表面上）的種類差異。

天使與人

一、我想先說一句：我希望你們視天使為一種可能的存在——一個純粹假設性的實體。不必考量宗教中「天使存在」的信念是否為真。

1. 當天使存在，祂們是純屬靈性的。此刻，我們要探究天使這個議題，因為人們設想天使只有心靈，沒有軀體。

a. 由於天使只有心靈，沒有軀體，祂們懂得如何了解事物、行使意志，以及付出愛，但方式和我們不同。

b. 沒有軀體造成一些明顯的結果：

(a) 天使無法從經驗中學習。

(b) 天使沒有想像力和記憶，因此無法進行推論思考。

(c) 天使擁有的知識是直覺性的，在祂們被創造出來的那一刻，直接植入內在。

(d) 天使之間不需要任何溝通媒介，而用心電感應對談。

(e) 天使的心智永無過失，所以從來不需要睡眠。

2. 就各方面而言，人類與天使的差異正是來自於人類的心連著身體，而且心靈的部分或所有功能都仰賴身體來執行。

二、你可能會質疑天使存在的可能性——怎麼可能只有心靈而沒有軀體、沒有大腦？讓我來為天使存在的可能性辯護，我要反駁唯物論者的觀點，他們認為有充分理由否定天使的存在。你馬上會知道我為什麼要這麼做，原因是，當我在處理心與腦的問題時，唯物論者所犯的錯誤具有關鍵作用。

1. 唯物論者的論點如下：

a. 他們主張現實世界中只有物質存在，從基本粒子到最複雜的有機體，從原子到星星、銀河。

b. 但在人們口中，天使是非物質的存在。

c. 因此，唯物論者的結論是，天使不可能存在，就像圓形的方塊一樣，無法想像，也不可能存在。

2. 他們的論點一方面不夠有力，一方面存在著謬誤。

a. 這個論點的最初前提（世上只有物質存在）是未經證實、也無法證實的假設。它或許為真，但我們沒有任何理由斷定它是事實，我們難以確定它的必然性，甚至無法排除合理的懷疑。這個論點和認為天使真實存在的宗教信仰差不多，也算是一種信念。

b. 即便我們假定這個前提為真，結論也無法成立，因此，整個論述依然錯誤。

c. 若前提為真，從這個前提出發的有效結論是，天使（非物質的存在）**不**存在於現實世界中。

d. 但他們的結論說：天使不可能存在，則完全不是這個前提的必然結果。

3. 有許多論述支持天使是可以想像也可能存在的，但我不會花時間說明這些論點。我們現在的目標，只要能夠認知到唯物論者無法有效否定天使存在的可能性，就已經足夠了。

4. 既然如此，唯物論者也無法否認人類的心靈可能具有靈性——非物質的元素，與屬於物質的大腦相連。若要解釋人類如何思考，兩者都不可或缺。

三、那麼，我們就來到了與唯物論相反的另一個極端，這種觀點視人類心靈為非物質的存在、不具備實體的力量，不需由腦部來進行唯有人類心靈才能進行的活動，也就是理性思考。

1. 古代的柏拉圖和近代的笛卡兒都採取這種觀點。

2. 這種觀點犯了我稱之為「天使謬論」的錯誤，認為具有理性的靈魂或人類心智就像天使的化身——人類的心靈或許與身體相連，但心智並不需要或依賴身體來運行。

3. 既然你們都知道人類心智運作如何仰賴腦部的功能與作用，也都知道腦部病變如何影響人類的思考，我不必告訴你們上述柏拉圖和笛卡兒對人類心靈的觀點（將人類心靈視為天使的化身）已經違反實證，藉此說服你們予以否定。

4. 我只想補充一點，就純哲學的角度，心或靈魂與身體的二元論並不成立。

a. 這種二元論否定了人類的整體性，強調兩種獨立存在的二元性——就如同一艘船和划船的人，兩者相互獨立。其中一者能在對方持續存在時終止存在。它們的存在截然二分，但我們的心與腦並非如此。

b. 於是，留下了一個令人費解的謎團：為何人類的心靈要與身體連結？

人類和其他動物——以及具有人工智慧的機器

一、我們和動物之間，在許多行為上只存在著程度差異，這點無庸置疑。

二、人類的腦和高等哺乳動物的腦之間具有程度差異——複雜性不同、腦部重量與身體重量的比例也不同——這點也毫無疑問。

三、人類和動物的大腦是否具有種類差異則可能還有疑問。我想提出以下問題，留給你們回答。

1. 例如，人類的左右腦不對稱，這個特點是否專屬於人類？

2. 動物與人類之間的種類差異，是不是來自於動物大腦沒有任何類似語言運動中樞的區域（人腦中的這個區域似乎與腦部皮質不對稱相關）？

3. 人類腦部的特徵之一是前額葉皮質特別大，這是否顯示出人與動物之間，具有神經方面的種類差異？

四、無論你對以上問題的回答為何，都請根據我接下來談的內容思考。我要談的是，人類與動物之間在行為上的種類差異。

1. 以下幾點關於人類與動物的差異，我認為是種類差異，而非程度差異。至於它們屬於表面或根本上的種類差異，則有待觀察。

a. 動物只能運用知覺性思維，而人類具有概念性思維，這是動物完全欠缺的。

(a) 人類能運用概念性及合乎語法的語言，其中蘊含的字彙能夠指稱那些無法感知、無法想像的客體，人類學習語言的方式也顯示出這項特性。近代學者對黑猩猩與瓶鼻海豚進行了所謂的「說話研究」，仍無法反駁這一點。

(b) 動物的知覺性思維包括了知覺抽象化及一般能力，但動物大腦無法處理感知不到或不在眼前的客體。

(c) 人類的概念性思維對比於知覺性思維，很明顯地可以處理不在眼前、完全無法感知的客體，例如天使。

b. 知覺性思維和概念性思維的基本差異，以及人類擁有概念性思維的獨特能力，解釋了人與動物間的諸多行為差異。

(a) 人類是唯一在世代間除了傳遞基因以外，還能延續歷史傳統與文化的動物。

(b) 人類是唯一為社會訂立法律及創立組織的動物。

(c) 人類是唯一製造出機器，並以機械生產物品的動物。

(d) 若沒有概念性思維及概念性語言，不可能完成以上各項及其他類似的事。

五、關於人類和動物在行為上的種類差異，我們還必須面對以下問題：這是表面或根本上的種類差異？可以用人與動物之間的程度差異來解釋嗎？如果可以，這就只屬於表面上的種類差異；如果不行，就屬於根本上的種類差異。

1. 若要做出「這是表面上的種類差異」的結論，還必須滿足另一項條件。提出人和動物大腦間的程度差異時，必須要能夠適當地解釋人和動物行為中看似存在的種類差異。

2. 容我暫時擱置這個問題，先討論人類心靈和機器之間的關聯——照理來說，機器要能體現出人工智慧，也就是與人類的智慧之間具有程度差異的一種智慧。

3. 我會這麼推論，是因為這對於我們要解決的終極問題，具有關鍵作用。

六、針對上述問題，最重要的一點是，人類大腦與機器的區別，在於機器是純粹由電子網路構成，而人腦既是化學工廠也具備電子網路，而且電路運作與腦內的化學反應密不可分。

1. 過去三十年內，許多卓越的研究已指出，化學促進劑及化學傳導素對人腦運作有多麼重要。

2. 到目前為止，具有人工智慧的機器缺乏這些化學成分，儘管現在有人正在發展所謂的「溼電腦」（wet computer）。

3. 在溼電腦實現前，人腦和電腦之間仍然存在種類差異，就算機器的電器元件和連接裝置超過人類十的十一次方倍數量，也不會消除這種差異。

4. 如果溼電腦的夢想未能實現，即便神經生理學家在未來能夠解釋人類的認知，我們還是永遠沒辦法製造出一台有如人類那般思考的機器，無論我們打造出多麼複雜而精緻的電器。

5. 我們可以訓練狗和馬做出複雜而驚人的把戲，但這不代表他們擁有卓越不凡的智能。

6. 同理，我們可以設計程式，使電腦完成複雜而驚人的把戲，神奇地仿造人類的思考方式，但這不代表機器就擁有了人類思想的力量。

7. 倘若人與動物之間唯一的差異，就在於神經結構的尺寸及複雜度，那麼打造出濕電腦後，它或許可以像人一樣思考。假如未來的電腦能以超過十的十一次方倍的元件數量超越人腦，又假如所謂的溼電腦中有某種類似人腦化學作用的東西，那麼電腦的表現可能更為傑出。

8. 然而，如果人與動物間的差異不純粹是量的差異、不僅限於腦部重量／複雜度與身體尺寸／重量之間比例的不同，而是另一種情況：人類身上的某種非物質元素——心智——才是動物的知覺性力量及人類的概念性力量之差異所在。那麼，無論一台電腦元件多麼完整、如何經由化學方式支持電路運作，都將永遠無法思考，也永遠無法像人類一樣進行概念性思考。

9. 就如笛卡兒在數個世紀前所說的，**物質無法思考**。人類所能創造出最厲害的電腦，不管由電子迴路或化學成分構成，依然只是個由物質構成的東西。

10. 這就是為什麼圖靈提出的測試——電腦是否能用與人類相同的方式思考——既有趣又重要。

11.「圖靈測試」能回答笛卡兒當年對唯物論者提出的挑戰——笛卡兒否認人類可以創造出以心智思考的機器。

七、就我所知，「圖靈測試」是唯一能鑑別電腦能否像人類一樣思考的方法。順帶一提，圖靈是個瘋狂的英國天才，他破解了德國的恩尼格瑪密碼。

1. 圖靈測試以下列的遊戲模式進行：

a. 一位詢問者站在螢幕前，螢幕後方有一名男性和一名女性。

b. 詢問者可以提問，螢幕後方的人以書寫方式回答，而詢問者必須試著判斷誰是男性、誰是女性。

c. 螢幕後方的人必須費盡心思騙過詢問者。如果他們將聰明才智發揮到極致，就會成功。

d. 詢問者的判斷不會比隨機猜測更準確——猜中的機率是百分之五十，猜錯的機率也是百分之五十。

2. 圖靈接著說，現在螢幕後方換成一個人和一台電腦，電腦設定為圖靈所謂的「嬰兒程式或初始程式」。

3. 為了解電腦程式設計的限制（無論電腦可以設計得多麼精巧、功能多麼強大，還是有其限制），我們必須先區分高等哺乳動物和人類所擁有的兩種天賦。與高等哺乳動物及人類形成對比的，是昆蟲的本能表現，這些本能就好像電腦在嬰兒狀態就具有的先天能力。

4. 首先，讓我們看看人類和高等哺乳動物，這兩者都具有兩種天賦：

a. 第一種可稱為「程式」——我從電腦科技領域借用這個詞。

(a) 動物的程式存在於天賦中，決定了牠們對刺激的反應。
(b) 有些昆蟲擁有很高的天賦，表現出非常精巧的本能行為。
(c) 與昆蟲相比，高等的哺乳動物比較少表現出這種本能行為。
(d) 在所有動物中，人類最少表現出本能行為——以最嚴格的標準來講，人類根本不具備本能。人類的內建程式只包含相對少數的一些脊椎反射和腦脊隨反射。

b. 第二種天賦則透過學習或習慣來決定，就這層意義而言，這是一種結果未定的能力。一個人剛剛出生、尚未開始學習或養成習慣時，還不能確定這些先天能力將會造成什麼結果；也就是說，這種能力不會以實際行為表現出來。

(a) 高等哺乳動物內建了學習及養成習慣的能力，家畜能夠接受人類的訓練即顯示了這點。
(b) 人類的這種天賦更加強烈——人類是傑出的學習動物，出生後的行為大多來自學習與養成習慣的能力所發展的結果。
(c) 譬如，人類嬰兒擁有學習語言的天賦，而且並非只能學習特定語言。人類也擁有思考任何事物的天賦。

5. 接下來，讓我們來探討人類與機器。相對於人類及高等哺乳動物，具有人工智慧的機器**只有一種天賦**，就是圖靈所說的嬰兒程式或初始程式。

a. 這使得機器永遠只能產生由程式預設的行為。經過程式設定的機器表現出來的行為，恰恰如同昆蟲的精巧本能，以及人類與高等哺乳動物的反射反應。

b. 正如休伯特・德雷弗斯（Hubert L. Dreyfuss）在其著作《電腦不能做的事》（*What Computers Can't Do*）中所指出的，由程式設定的天賦使得機器產生依照命令、預先決定的表現，而非擁有某些能力，必須等待學習及養成習慣之後才能確定結果。

(a) 在動物身上，學習與習慣的養成以「制約」的方式呈現。

(b) 在人類身上，學習與習慣有時是一種制約，有時則是自由選擇的結果。

c. 借用德雷弗斯教授的話：「未經程式設定的人類才能，包含了所有運用智能的行為」，機器無法擁有的正是這種未經程式設定的能力。

6. 既然如此，電腦的初始程式或嬰兒程式將永遠無法在圖靈測驗中獲勝。

a. 當程式對N個問題設定了機器的回應，無論該程式設計得多好，總是會有第N+1個問題是機器無法回答的，而人類卻可以回答；於是詢問者就可以偵測到螢幕後方誰是機器。

b. 當然，也許有一天，人類可以賦予機器第二種先天的發展能力——由學習、習慣、制約或選擇來決定結果的能力。

c. 我想（與德雷弗斯教授的想法相同），這樣的可能性很低。但若想以實徵的方式探索可能與不可能之間的邊界，唯一的方法就是由人工智慧專家一次次嘗試，再一次次失敗。嘗試得越多次、失敗得越多次，無法成功的可能性就越高。

八、假如機器的表現不可能與人類相當，那麼我們就能根據實徵的基礎證實以下結論：人類的獨特表現，不能只以大腦中的電子化學機能來解釋。

1. 否則，只要未來設計的機器具有比人類更高的電子化學機能，機器的表現將超越人類，而且我們將無法區辨人類與機器之間的差別。

2. 我們的結論印證了亞里斯多德和阿奎那的哲學觀點：就人類思維而言，**大腦只是必要條件，而非充分條件**。沒有頭腦，我們就無法思考，但我們並非用大腦來思考。我們以一種本質上並非物質的力量——人類心智的力量——來思考。

3. 假如結果發現我錯了——只有在未來，我們才能知道答案——那麼我願意承認機器能像人一樣思考，而且物理現象（無論僅指電子或電子加化學）足以充分解釋人類的概念性思維及動物的知覺性思維。

九、在繼續談下去前，我想強調三點，這三點可以連結到我們對圖靈測驗的探討，或者由我們對圖靈測試的思考延伸而來。

1. 首先是一項史實。十七世紀的哲學家笛卡兒預言了圖靈測試，他提出一項類似的測試，顯示機器（和動物，笛卡兒認為動物和機器一樣有感官和頭腦，但沒有心智）不能思考。這個測試以對話進行。笛卡兒說，沒有一台機器可以像兩個人那樣，在對話的輪替中展現無限的彈性及不可預測性。

2. 無論人類是否終將打造出圖靈機，可以肯定的是，用手語溝通的黑猩猩或海豚無法在螢幕後方表現得與人類相當，沒辦法通過圖靈測驗。

3. 若要決定人類和動物之間具有的是表面上或根本上的種類差異，取決於你是否認為，未來有那麼一天，神經生理學將能解釋人類如何成功通過圖靈測試。

a. 若答案為是，人類能通過圖靈測試的原因是不是大腦的力量？

b. 或者需要將其他因素納入解釋——某種非物質元素，例如笛卡兒所認為的，是人類的心智？

心與腦

一、目前，對於人類心靈（或心智）與頭腦有何關聯，我們已出現兩種看法，分別處在兩個極端。

1. 其中一個極端是唯物論者的觀點，他們不只否認任何非物質之實體、力量或運作方式的存在，也否認其存在的可能性。

a. 根據唯物論觀點，大腦的活動歷程提供了心智運作（包含人類的概念性思維與動物的知覺性思維）所需的一切必要與充分條件。

b. 這個觀點被稱為「同一性假說」，「同一性」代表心與腦的存在是不可分割的。「假說」一詞則坦承這個觀點是未經證實的假設——而我認為是無法證實的假設。

c. 同一性假說包含兩種；其中一種較另外一種更為極端。

(a) 比較極端的一種是「還原唯物論」，宣稱心與腦的活動無法經由分析作出區別。

(b) 不那麼極端的一種（在我看來較符合明確事實）則承認，對於腦部運作歷程的描述，與對於心智運作歷程的描述，兩者之間可經由分析找出區別，這在動物的知覺性思維和人類的概念性思維上皆成立。這種較不極端的唯物論雖然坦承腦部運作及思考歷程之間有所差異，仍堅持心與腦是不可分割的，所以腦部活動足以解釋所有心智活動，包括概念性的活動與知覺性的活動。

d. 這個唯物論假說較不極端，因而可以站得住腳。根據這個假說，神經生理學家應該能夠成功解釋人類及動物智能中的所有面向。人類思維再怎麼無遠弗屆，都逃不過神經生理學的理論所能解釋的程度。

2. 另一個極端的非唯物論者，否定了人類在現在或將來能夠以腦部運作來解釋人類的思維。

a. 根據這個觀點，腦部活動既不是思想的必要條件，也不是充分條件。

b. 柏克萊主教的哲學表現了最極端的非唯物論觀點，他否定物質存在，因此認為人類是純粹的精神產物，靈性不低於天堂中的天使。

c. 極端的非唯物論和極端的唯物論一樣，都不符合絕對事實。所以我們不必猶豫，可以直接拒絕接受這兩種極端看法。

d. 就如同我們已經察覺到的，柏拉圖和笛卡兒的非唯物論觀點沒那麼極端，他們將理性靈魂或人類心智視為不知為何受困於人類的軀體、類似天使的存在——一個寓居於身體的純粹靈體，而這個靈體和它的根本功能，也就是理智思考，都絕不依靠身體來運作。

e. 只要提出一件事就能令人對柏拉圖和笛卡兒的觀點產生強烈懷疑（當你要舉反例時，通常一個就足夠）。如同我曾指出的，天使從不睡覺，心智總是保持活躍。人類卻有睡眠和清醒的時刻，心智只在部分時段活躍。我們在睡覺時偶爾做夢，但並沒有一直在思考。柏拉圖和笛卡兒對於心智和人類身體及大腦之關係的看法，無法解釋這個事實。

二、對我來說，這兩種極端觀點之間，只有一種看法符合已知的事實。這種觀點符合我們所知的人類思想本質、以及物質和其物理特性的限制。

1. 這種中庸觀點就是溫和的唯物論，加上同樣溫和的非唯物論。

2. 其中的溫和唯物論成分，在於接受較不極端的同一性假說中的兩項原則：

a. 第一項是腦部及心智運作歷程可經由分析加以區辨。

b. 腦部運作至少是心智歷程必要條件，這是極端非唯物論者所否定的想法。

3. 我採納的這種中庸觀點在某程度上也是一種唯物論，它承認人類和其他動物的知覺性思維——所有感官知覺、想像、記憶，以及情緒、激情、欲望——可以或完全由神經生理學的角度加以解釋，或者在未來可以做到。人類與其他動物在行為或心智運作的共通面向上，沒有任何非唯物或精神的成分。

4. 這個中庸觀點當中的非唯物論成分（而且還是頗為溫和的非唯物論）在於認為不管現在或將來，都不可能以腦部活動來解釋人類思想（在此指的是人類獨有的概念性思維）。人類的自由意志（人類獨有的選擇自由）也不能從物理作用用或粒子的運動加以解釋。

a. 換句話說，只要沒有由感官與腦部活動形成的知覺、想像與記憶，就不會出現概念性思維。

b. 心理病理及心理障礙、失語症、老年失智症等，顯示了大腦在心靈的領域中所扮演的角色，但是個有限的角色。

5. 也許以下方式最能精準摘要這個中庸觀點：

a. 我們運用雙眼和腦中的視覺皮質才得以觀看，運用耳朵和腦中的聽覺皮質才得以聆聽。

b. 但我們用什麼器官來思考呢？概念性思維的器官是什麼？這個中庸觀點會回答：**不是大腦**。雖然我們不能在沒有大腦的情況下進行概念性思考，但我們並不依靠大腦進行概念性思考。

c. 簡而言之，腦是概念性思考的必要而非充分條件。這個中庸觀點之所以有別於較不極端的非唯物論或非同一性假說（柏拉圖和笛卡兒的觀點），關鍵就在於此。

d. 這表示有一種非唯物的元素或力量，也就是人類的心智或意志，與人類的軀體合作，共同創造出概念性思維及選擇自由。

e. 假若以上所言屬實，就代表人類和動物之間的種類差異——更不用說人類與機器之間的種類差異——是屬於根本性、而非表面上的種類差異。

f. 這也表示人類處在純屬物質與純屬靈體（包括天使與上帝，無論人們認為純粹的靈體可能存在或真實存在）兩者中間的界線上。

g. 但是，處在中間地帶的人類，並不像柏拉圖和笛卡兒希望我們相信的，是一腳踏在物質領域，另一腳踏在精神領域。人類主要屬於物質領域，但透過非物質的心智力量，可以跨足精神領域。

結論與反思

一、容我發表幾點結論與反思。我比較肯定的有兩件事：

1. 不願承認大腦在人類思想中扮演必要的角色，這是「天使謬論」，必須予以否定。

2. 唯物論否認了精神實體或非物質力量（例如人類心智）存在的可能性，這個觀點也必須予以否定。

二、對於以下觀點，我無法那麼肯定：根據目前所知，我已經被說服，認為腦部活動本身不足以解釋概念性思維，因為超越物質條件就是這種思想的本質。人類心靈能透過思想觸及完全無法感知也想像不到的客體，這個現象最能清楚說明這點。

三、我們的最終結論是什麼？根據我的看法，結論有二：

1. 動物的行為、智力與心理狀態等各層面皆低於概念性思維的層級，可以用我們對腦和神經系統的理解作出解釋，或者未來將能夠全盤解釋。

2. 腦和神經系統的相關知識能對人類心靈作出解釋，而且在未來，可解釋的範疇將更加廣泛；但神經生理學將永遠無法充分解釋概念性思維及選擇自由。

備註

這場演講之後的討論中，聽眾的提問幫助我將演講要旨總結為以下兩項假設：

一、**假如**人類比動物高等，**只因**人類擁有更大又複雜的頭腦，**則**電腦將在未來超越人類。

二、**假如**人類能成就動物所不能之事，**只因**人類心智中存在非物質的層面，**則**電腦將永遠無法做出使人類與動物之間具有根本差異的事。

有一則形上學論證可以支持第二項假設中的條件句。由於唯物論者肯定第一項假設中的條件句，看來很難說服他們，我們可以用以下測試來具體化這個爭議：請電腦技術員試著打造一台電腦，讓它能以相當於人類的方式進行對話。只要電腦專家每嘗試一次並失敗一次，否定電腦終將成功的形上學觀點就更有可能成立。假如電腦專家有一天成功了，就表示成功反駁了這個形上學觀點。究竟誰對誰錯，答案將在未來揭曉。

【附錄二】

十二天的阿斯本專題研討

一九七二年八月，於阿斯本人文學會發表的一場演說①

阿斯本專題研討的終極目標是使參與者更加了解「民主」和「資本主義」——這兩個特徵定義了當今社會的性質；以及更加了解「極權主義」和「共產主義」這兩者的相反面，好讓參與者能批判性地面對今日世界裡兩種對立的基本主張。

為了達到這個目的，我擬定的閱讀書目圍繞著四個基本概念——平等、自由、正義

①作者註：這篇講稿本來為大綱形式（如同附錄一的哈維．庫興演說），但為了提供阿斯本學會出版，我改寫為一般的散文形式。

與財產，當我們想了解民主和資本主義，以及與這兩者相反的主張及衍生議題，以上概念的建立是不可或缺的。

專題研討中的討論目標是更清楚掌握這四個概念，包括概念本身、概念彼此之間的關係，以及這些概念對某些事物的影響，例如政府的本質、憲制與專制政府的差異、經濟與民主政治的關聯、自由企業和分權（decentralization）等。

為達上述目標，我用以下方式安排閱讀書目：除了少數例外，每次上課的閱讀書目都包含互相衝突的觀點，如此一來，我就可以要求參與者澄清這些作者討論的議題，讓參與者選擇自己的立場，並說明理由。在這十二場專題研討中，閱讀書目以類似扇形的模式展開，圍繞著同樣的四個基本概念，畫出越來越大的圓，涵蓋範圍越來越廣，參與者可以隨著每天的累積，逐步獲得益發深入的理解。

當然，想在演講中做到這些是不可能的。年復一年，我在每日討論尾聲寫下筆記，我想以這些筆記向你們報告這十二場的實際內容。如果我每天都為參與者摘要前一天討論的內容，大約需要花費二十分鐘；連續摘要十二場，那得花約三個半小時，我恐怕辦不到。

因此，我在這場演講中要嘗試最佳的替代方案。我會沿著一條線開展內容，也就是我們在這十二場專題研討中所發展的路徑。採取這種方式進行，我就無法討論所有指定讀物的細節。②我希望你們記得，今晚呈現的內容只是淺嘗阿斯本的閱讀書目，並了解從討論這些讀物中可以學到什麼。

開始之前，我想預告最後一件事。當我提到可以學到的東西，我所說的一定是我自己身為讀者和團體成員，在參與阿斯本專題研討時所學到的內容。我想我敢說（我不擔心這麼說過於放肆）並且也觀察到，團體中的其他成員以自己的方式，也學到了相同的東西。

②作者註：多數指定讀物並非整本書籍，而是由每一日的書目中選取部分篇幅。

十二天的阿斯本專題研討——第一週的星期一

- 《人民協議書》（*An Agreement of the People*），一六四七年。
- 《獨立宣言》（*Declaration of Independence*），一七七六年。
- 《論立法機關》（*On the Legislative Branch*），班傑明・富蘭克林（Benjamin Franklin）著，一七八九年。
- 《紐約州制憲會議中的辯論》（*Debate in the New York State Constitutional Convention*），一八二一年。

我們這個時代的樣貌，並非從一七七六年的〈獨立宣言〉開始成形，而是比那早上一百多年在克倫威爾（Cromwell）的軍隊中，由平等派及擁有財產者雙方展開的論辯。平等派是指提倡政治平等者，而擁有財產者則諸如克倫威爾本身，以及他的女婿艾爾頓（Ireton）上校。

他們雙方辯論的問題是前所未見的：誰是**人民**？當我們說「我們人民」、「人民至上」或「主權在民」時，指的是哪些人？更精確地說，這個議題是：該不該為選舉權設定財產門檻，將參政權限於擁有財產的人；或者，所有人都對國家事務享有發言權，在政治上相互平等，儘管民眾財產不均使得他們在經濟上並不平等？

借用希臘哲學家在思索與政治實踐上的說法，我們可以說這個議題是寡頭政治（僅由有產階級享有參政權）及民主主義（參政權擴及無產階級）兩者之間的衝突。雖然在古希臘城邦也出現這種衝突，但僅限於少數人對抗多數人；然而，克倫威爾軍隊中的平等派所發表的原則延伸出的問題，不僅關於多數人的權利，而且還是所有人的權利。

此外，平等派將政治平等聯結到政治自由，首次採用「被治者的同意」此一概念。聽聽約翰．威爾曼（John Wildman）爵士怎麼說：

每個英國人顯然都有權利選出最適合代表英國的人。我以為這是政府不可否認的準則：政府經由人民自由同意而成立。因此，除非一個人自由同意接受政府的統治，否則政府就是不正義的，或者這個人沒有正當地捍衛自己的權利。只有當他表達同意，政府才可以統治。根據這個準則，所有的英國人都應在選舉中發聲。倘若此為真（如同那位紳士所說的），如果沒有每個人的同意，政府所實行的法律就不符合如此嚴格的正義。因此，我謙卑地提議，如果要陳述這個問題，或許這麼說能最快切入要點：假如一個人並未同意政府為他制定法律，他卻受到法律的約束，這是否符合正義？

以上針對這個議題的論述在**贊成**和**反對**什麼呢？由威爾曼和雷恩巴勒（Rainsborough）少校為代表的平等派主張如下：

他們呼籲天賦人權。每個人都享有與生俱來的權利，作為一個自由人接受統治，意思是透過有效的選舉權同意並參與政府的運作。所有人在政治上都應該是平等的（儘管他們在經濟上並不平等），因為他們是平等的人，擁有平等的自由權，他們應該享有平等的政治權。

寡頭政治的支持者克倫威爾和艾爾頓答辯如下：政治自由只屬於經濟獨立達一定程度的人，這些人無須聽從他人意志。只有擁有財產者才能擁有經濟獨立。持有土地或賺取商業利益的人才能在國內掌握穩固而長久的財富，只有他們能對國家事務發聲。貧民從小就投身勞務工作，教育程度低，也無暇關注政治，欠缺參與政治的先備條件。

此外，寡頭政治的擁護者清楚表達了平等派的提議如果成立，給予窮人與富人相等的政治權利，將會帶來什麼威脅。克倫威爾一再強調，提倡天賦人權將導致混亂狀態，使得已經建立的法定權利與特權被推翻，甚且威脅到財產權本身；誠如艾爾頓和克倫威爾所指出的，畢竟窮人佔了多數、富人佔少數，該如何阻止窮人利用投票將財富平等分配，從有錢人手中奪取財物並分配給貧民？

對於這兩項指控，尤其是第二項，平等派無法有力地回應，儘管他們試著保證富人毋須懼怕。

近兩百年後，在一八二一年紐約州制憲會議中出現了類似的辯論。大法官肯特（Chancellor Kent）在那場辯論中代表紐約上州擁有土地的上流階級發聲，坦言對紐約市眾多人口（多數為移民和低教育程度者）的恐懼，並表示普遍選舉是一條不歸路。他說：

一旦通過普遍選舉，就得永遠實施，不能撤銷。民主的後方沒有退路。

他以下列理由提出反對意見：

經由普遍選舉選出立法部門，這個實驗已知潛藏著風險。人們的道德結構無法承受這麼大的刺激。普遍選舉的趨勢可能危及財產權和自由原則。

他的對手就像克倫威爾和艾爾頓的對手那樣試著向他保證，政治平等對財產及其他法定權益或特權並不構成威脅。（請注意，當他們談到普遍選舉時所使用的「全民」一詞，指的是所有白種男性，不包括黑人或女性。）

在這兩場辯論之間，我們的討論加入了富蘭克林的一篇文章，說明我們不應允許少數富人所享有的優勢超過多數的貧民，因為擁有財富不代表具有較高的政治智慧。富蘭克林的論述提出了目前為止最具革新性的財產權論點——不只是在他的年代，對任何時代來說都是。引用如下：

私有財產是社會的產物，因應社會的需求而生，哪怕是最微小的需求；它對公眾的貢獻並非增進公益、給予對社會有貢獻者特別的榮耀與權力，而是回報先前所接受的恩惠，或償還合理的債務。

第一週週一專題研討的第四份讀物是《獨立宣言》——我希望你們都已倒背如流，至少該熟悉第二段的前二十行——這篇文章似乎對民主主義及寡頭政治之間的衝突保持沉默。但我們不禁要問：人人生而平等、人人擁有不可剝奪的權利（包括自由權）、自由政府及政治自由需要牽涉到被治者的同意……這些論述代表什麼？當我們討論《獨立宣言》時，通常每個人都有不同的詮釋，這個現象從克倫威爾軍隊及紐約州制憲會議的辯論、到富蘭克林對代議政治和財產的文章中可見端倪。

如果我就停在這裡，除了第一週週一討論的題材外，不再摘要其他內容，你是不是很難看出阿斯本閱讀書目和一九七二年秋天總統選舉涉及的議題有何關聯？第一週週一的讀本介紹了所有基本概念——平等、自由、財產和正義，以及這些概念與「權利」之間的關聯。但當我們進行到週二和週三，你會發現還有許多東西可讀，而且有助於更加釐清概念，掌握相關的議題。

第一週的星期二（第二場）

- 《平等》（*Equality*），托尼（R. H. Tawney）著，一九二九年。
- 《進步與貧窮》（*Progress and Poverty*），亨利・喬治（Henry George）著，一八七九年。
- 《事實的挑戰》（*The Challenge of Facts*），威廉・薩姆納（William Graham

Sumner）著，一八九〇年。

- 《論憲制政府》（*On Constitutional Government*），約翰・考宏（John C. Calhoun）著，一八三一年。

我們的討論從托尼開始，雖然他所屬的時代最為晚近，但從他書中所選出來的這章主題是關於平等，可以幫助我們做出區辨，以澄清「平等」這個議題。其一是個人的平等與不平等，也就是比較一個人和另一人的天賦與成就是否平等。另一種則是條件上的平等或不平等，也就是我們生活的環境，例如社會、政治和經濟上的地位或機會是否平等。

我們可以看到，週二讀本的作者們在某個議題上採取不同立場，而週一讀本的作者們則在另一個問題上立場分歧。昨天的問題是：該不該透過擴大參政權，讓經濟上不平等的人（富人與貧民、有產階級與無產階級）在政治上達成平等？但今天所讀的內容中，在克倫威爾軍隊針對此議題辯論之後超過兩百年，活在選舉權普及（雖然尚未擴及全民）社會的托尼和喬治，提出另一個問題，並引發了不同的討論。

他們的問題是：如今，選舉權已擴及勞工階級，但他們仍舊是貧窮的多數人，我們是不是該做些什麼，讓他們除了在政治上和他人平等（至少就投票權方面），也能在經濟上平等？我們是不是該縮小富人與窮人之間經濟力量的差距，使貧民的投票權發揮效益，而非只是虛有其表？

換句話說，這個問題就是：民主政治或政治平等是否必須伴隨經濟民主與經濟平等，才能真正落實？（克倫威爾、艾爾頓和肯特大法官害怕貧民獲得參政權後，將對財產權造成損害，此擔憂並非無中生有。）

托尼和喬治認為民主政治若要發揮效能，提倡經濟平等是不可或缺的。聽聽亨利．喬治怎麼說：

在財富均分的地方，政府越民主，社會就越穩定；但在財富分配極不均的地方，政府越民主，社會就越不穩定；因為雖然腐敗的民主不比腐敗的極權更糟，但對國家造成的影響卻較不利。把政治力量放入因貧窮而受苦、變得卑微的人手中，相當於在狐狸身上綁火把，再放牠們到玉米田中；相當於挖出參孫的雙眼，再將他的雙臂纏繞於國家生命之柱。

約翰．考宏和威廉．薩姆納反對托尼和喬治，認為條件上的平等（尤其是經濟層面的平等）會造成個人自由的消亡。只有由中央政府掌控經濟，才能創造平等的經濟條件，而這容易削減或剝奪企業自由。薩姆納和考宏都說，自由與平等不能兩全。以下是考宏的話：

有另一個未必較嚴重或危險的錯誤，通常和前述的錯誤相關。我指的是有些人認為自由和平等緊密相連，沒有徹底平等就沒有絕對自由。

自由和平等的確相關到某個程度，從法律的觀點，大眾政府下的公民平等對於確保自由是重要的，這點已獲承認。但若進一步認為平等是自由的必要條件，便會同時毀了自由和進步。理由是，自由必然造成條件的不平等，同時，條件的不平等也是追求進步所必經的歷程。

我們面臨一場正面衝突，一方支持平等為自由所必須，另一方認為不平等為自由所必須（此處的平等和不平等都指經濟層面）。這個議題可以解決嗎？有什麼方法可以解釋這一切？

要解決這個問題，不可能不對經濟平等的意義深入了解。在這個最難的問題上，托尼為我們的討論提供了有力的幫助。他指出，經濟平等只有兩種可能的意義：其一為金錢上的平等，即相等的所有物、財產或銀行存款；根本上來說，就是可量化的平等。另一種意義在於人類平等享有合宜生活所需的**任何**東西——雖然有些人可能擁有的比需要的更多，而其他人擁有的恰好能滿足需求。相對於**量化**，這顯然是由**質的**方面來討論經濟平等的意義。

我們仔細檢視托尼的文章，發現他認為想達到量化意義上的經濟平等完全是妄想；經濟平等的理想，或者說，不分經濟階級的理想社會，只能在質的層面上實現。也就是說，每個人都應擁有過好生活所需的一切，儘管有些人擁有的比其他人更多。你大概可以想像，這又引發許多關於需求的問題，而且也可以想見，人們對兩種意義上的經濟平等實現的可能性會持不同意見。

在我們繼續進行隔天及往後的討論時，關於經濟平等的問題依然存在。這個問題牽涉到兩個重點，其一：當社會中有部分人口在某些經濟物品上（如教育、醫療、空閒時間、娛樂消遣等）擁有的量少於一個人的基本需求，民主政治是否還能維持運作？其二：如果部分比例的人口所擁有的超出基本需求很多，過剩的財富使他們的政治權力及影響力過高，那麼民主政治是否還能維持運作？

第一週的星期三（第三場）

- 《民主在美國》，托克維爾著，一八三五年。③
- 《新國家主義》（*The New Nationalism*），羅斯福（Theodore Roosevelt）著，一九一〇年；《進步黨黨綱》（*The Progressive Party Platform*），一九一二年。

從第二天的討論進行到第三天，我們發現羅斯福在一九一〇年說出了亨利．喬治在一八七九年就已說過的話，以及托尼在二十年後於英國所說的話：即便貧民和富人同樣享有投票權和政治平等，貧窮或貧富差距也使得窮人無法在公共事務上發揮影響力。以下是羅斯福所言：

一個人必須賺取高於為應付最低生活品質而支出的薪水，且工作時間足夠短，使得下班後還有時間和精力分擔社區的管理工作、協助處理公共事務，這樣才能當個好公民。我們所創造的生活條件，讓無數人無法成為好公民。

但我們閱讀托克維爾，逐漸發現眼前的問題沒有簡單答案。事實上，當我們漸漸理解托克維爾對民主的洞見，也就漸漸明白我們面對的問題有多麼可怕，卻又無可避免。從第二天的托尼過渡到第三天的托克維爾，我們在討論中搭建了銜接兩者的橋梁。托尼追求的是一個真正無階級的社會，所有人皆受到平等對待，不必顧慮出身、財產、職業或其他可能將他們劃分為對立的社會或經濟階級的狀況。當我們讀到這點，對於托尼的核心思想，也就是他如何捍衛平等的理想，達到了最深的理解。雖然托克維爾沒有使用「無階級社會」一詞，我們仍然很快可以發現，他的民主概念是能達成條件普遍平等的社會（也就是社會、經濟和政治條件皆平等），就是一個真正的無階級社會。

帶著這份理解，我們明白了托克維爾所言，他在一八三五年來到美國，觀察到美國所成就的那種民主（或是條件平等）在神的旨意下不斷擴展，直到擴及全世界，在各地

③譯注：《民主在美國》（*Democracy in America*），托克維爾（Alexis de Tocqueville）著，中文版由左岸文化出版。

取代了古老的貴族政權、不平等及特權。雖然托克維爾預言了民主制度的崛起，同時也沉重預知了民主的勝利可能伴隨著對自由的破壞。簡言之，他同意考宏的主張，就是個人自由與條件平等無法和平共存。以下是他闡述「自由與平等」這個主題最有力的段落之一：

> 我認為民主的社群自然會偏好自由；只要放任發展，他們就會追求自由、珍視自由，為任何剝奪自由的行為抱憾。但他們對平等的熱情既強烈又貪求、絕不停歇也無法減弱；他們在自由時要求平等，當他們失去自由、身為奴隸，仍會要求平等。他們能忍受貧窮、奴役與暴虐，但不願忍受貴族的統治。

他預言當民主政體徹底實現條件平等（尤其是經濟條件）之後，可能會導致專制，他在以下段落表達了這點。讀者初次閱讀可能會感到困惑。我引用如下：

> 我認為讓民主國家面臨威脅的這種壓迫是世上前所未有的事，在當代社會沒有往例可循。我試圖精準而完整地傳達我腦中形成的這個概念，然而我失敗了；古老的詞彙

「專制」或「暴政」都不合用。這個概念是全新的，既然我無法命名，就必須嘗試定義它。

這個托克維爾無法命名、前所未有又恐怖至極的專制或暴政是什麼？此時，我們的討論中出現各種猜測，最後終於了解托克維爾試圖尋找的名稱，直到近百年後才成為廣泛使用的標籤，正是「極權主義」。然後我們開始明白，托克維爾預見了「極權民主」的興起。

有了這個洞察後，我們討論托克維爾時必須首先理解為什麼條件平等（特別是經濟條件）會導致極權狀態，讓中央政府對個體的生命施展絕對權力；其次，我們尋找托克維爾是否有任何方法能避免民主變調。

針對第一點，托克維爾讓我們看到，為了達到條件上的平等並維持局勢，人民傾向於讓渡越來越高的權力給中央政府，當政府在政治和經濟上擁有接近壟斷的力量，就容易演變成極權政府。至於第二點，托克維爾並未提出解答。我希望有時間引述我們在專題研討中反覆分析的精彩段落，但我只能簡短摘要。

托克維爾說，古代社會中國王的權力與貴族（來自各階層與地位）的權力互相抗衡，因此受到限制，國王不能直接對人民行使權力，因為國王對下的力量被公爵、伯爵、男爵等貴族握有的權力阻斷，托克維爾稱之為「地方與次級政府機關」。（在路易十四削弱貴族勢力、成為法國獨裁者之前，一直都是如此運作。）以此類推，托克維爾提出民主政體在達成條件平等的同時，仍能保有個人自由，只要授予次級政府機關權力，使之能與政府抗衡，而這些機關以私人機構或團體形式存在，只要不是由政府創立即可。若要這麼做，就必須保存與保護私有財產制，否則私人團體或機構就無法有效行使權力、與政府相抗衡，並防止政府壯大成巨人，把國家變成極權怪物。

再一次，我們在第三天的討論中面對了關於自由與平等的重要議題，這議題也牽涉到財產與正義。一方面，羅斯福在〈新國家主義〉演說中呼籲採取一種「公政」，要求提高中央政府的權力來限制私人團體的權力，以便將全民的自由與平等提升到最高點。另一方面，托克維爾警告我們，上述方案可能導致相反的結果；為維護個人自由，同時促進經濟和政治的平等，我們必須藉由讓私人團體作為次級政府機關，確保私人團體的權力，以削弱或限制中央政府的權力。

第一週的星期四、星期五、星期六與第二週的星期一（第四到第七場）

如果詳細總結從這幾天的讀本及討論中可以學到什麼，這場演說會令人精疲力竭，甚至難以忍受。儘管如此，我必須說明，前文針對頭三天討論內容所做的摘要，並未完全呈現討論過程中的所有要點。我引述的只是專題研討參與者特別留意並試著詮釋與辯論的內容中的一小部分。為了延續這場演講預定的主軸，我必須進到第八場——也就是次週週二的讀本。

雖然我想趕快開始談第八場的內容，但我無法跳過四天的專題研討，完全不提我們討論的讀本和這幾場當中的主題或問題。

第一週的星期四（第四場）

- 《政治學》（*Politics*）第一冊，亞里斯多德著，西元前四世紀。
- 《社會契約論》（*The Social Contract*）第一冊，盧梭（Rousseau）著，十八世紀。

我們在此遇到幾個基本問題，關於文明社會、政治社群或國家及政府的起源與本質，包括政府如何與自由並存？政府在什麼情況下才算正當存在？專制政府與憲制政府有何差別？活在專制政體下或當個共和體制中的公民，有何不同？

討論過程中，浮現了另一個關於平等的基本議題：所有人真的都是平等的嗎？亞里斯多德認為某些人天生適合成為公民、擁有政治自由，而其他人天生適合成為奴隸、侍奉主人。盧梭則抱持相反的觀點：所有人生來都傾向追求自由的生命，由於後天或環境因素才讓某些人具有奴性。

我無法略過一事不提：我所主持的每場專題研討中，有些參與者（經常為數不少）最終發現自己竟然同意亞里斯多德而非盧梭。我就不多說了，看你想怎麼解釋。

第一週的星期五（第五場）

- 《理想國》（*The Republic*）第一冊與第二冊，柏拉圖著。
- 《伯羅奔尼撒戰爭史》（*History of the Peloponnesian War*）當中的「米洛斯對話」（"Melian Dialogue"），修昔底德（Thucydide）著。

第一週的星期六（第六場）

●《君王論》（*The Prince*），馬基維利著。

我把這兩天放在一起，因為這些文獻都引導我們討論兩個重大問題：正義是什麼，以及，正義與利害關係（expediency）。

第一個問題比第二個簡單。柏拉圖一句話就幫我們回答了。他提出正義就是給每個人所應得的，有權要求的。也許這個答案還不完整，或者牽涉到更進一步的問題：什麼是一個人應得或有權要求的？但這至少是回應「正義是什麼」的開端。

第二個問題永遠讓人困惑，因為柏拉圖有力拋出這個問題，在我們所讀的文字中卻找不到一絲線索來回答。這個問題是：為什麼我該維護正義？對我有什麼好處？以公義對待他人能提升我自己的幸福嗎？簡言之，正義能帶來什麼利益？

柏拉圖拋出了這個問題，馬基維利則對君王提出作為一個有德的統治者有何利與弊，這又加深了我們的困惑。如果所有或多數人都是壞人，當個正義的君王有益處嗎？多數人是否實際上就是惡人，或人們內在多半是邪惡的？若果真如此，怎麼處置他們才有利？如果答案是否定的，那麼到頭來，正義是否能帶來益處？

第二週的星期一（第七場）

- 《安提戈涅》（*Antigone*），索福克理斯（Sophocles）著，西元前五世紀。
- 《水手比利．巴德》（*Billy Budd*），梅爾維爾（Melville）著，十九世紀。
- 《伯明罕獄中來信》（*Letter from a Birmingham Jail*），馬丁．路德．金恩（Martin Luther King）著，二十世紀。

以上內容引發進了我們針對悲劇展開的討論，過程錯綜複雜又精彩萬分，我不可能在此摘要。我只提出一個要點，就是我們明白了悲劇的本質就是在兩個同樣不幸的選項間被迫做出選擇。馬丁．路德《伯明罕獄中來信》讓我們看到今日美國在對待黑人公民時面臨正義與利益間的衝突，構成了悲劇性的抉擇。

我快速掠過四天的討論，這些討論都有助於理解二十世紀民主與資本主義的問題，但時間實在有限，我就不再贅言。現在進行到剩下的五天，我們討論了自由和法律及政府的關係，以及生產和財富及財產分配的基本問題。與自由相關的問題則出現在第二週的星期二。

第二週的星期二（第八場）

- 《政府二論》（*Second Treatise on Civil Government*），約翰．洛克著，一六八九年。
- 《論公民自由》（*On Civil Liberty*），喬納森．布徹（Jonathan Boucher）著，一七七五年。
- 《論自由》（*On Liberty*），約翰．史都華．彌爾（John Stuart Mill）著，一八六三年。

以下幾個問題主導了我們討論的方向：首先，我們閱讀的篇幅中是否出現了一個以上的「自由」概念？第二，如果有不只一個自由的概念，在了解自由相對於法律和政府的關係時，會造成什麼差異？探索這些問題時，也將反映出我們先前遇到的問題，包括自由與平等的關係、不同政府之間的區別。若要總結從這個主題的閱讀和討論中學到什麼，也許最快速的方法是捕捉這三位作者的核心觀點。

首先，喬納森・布徹是美洲殖民地的保守派傳教士，他嘗試說服教區人民不要忤逆國王與國會。他對政府的看法是這樣的：國王透過神聖的權利進行統治，就如上帝在凡間的代理人。他讀過約翰・洛克的《政府二論》，對於被治者同意政府統治，在統治下享有自由、或對於不可剝奪的天賦人權這類言論毫無共鳴。對布徹來說，自由不是隨心所欲，而是做該做的事；既然法律（包括上帝和國家律法）敘明人們該做什麼、不該做什麼，那麼自由就是依照法律行動。法律和自由的範疇之間完全相吻合。其他一切都是放縱，也就是說，隨心所欲不是自由，而是一種放縱。

布徹的立場是一種極端，而我們很快會在文本中發現，彌爾這位十九世紀自由主義的重要代表，則站在另一個相反的極端。根據彌爾的說法，自由就是隨心所欲，只要行為不對他人或社群造成傷害。既然法律的目標是規範有害行為，那麼遵守法律的人就不自由。犯罪是不遵守法律的行為，是放縱，同樣不是自由。布徹認為法律與自由的範疇相等，而彌爾則認為兩者全然不重疊。彌爾提到，當法律管轄的範圍擴張，自由就會限縮，反之亦然。法律和政府的規範越多，我們就越不自由；因此，如果想將人類自由擴展到極致，應盡可能縮小政府的權力，政府不該插手任何事，除非社會中的個人或私人團體有自己辦不到的事。

到目前為止，我們的討論圍繞著兩個極端，現在我們試圖找到兩極之間的中間地帶，那就是約翰·洛克的論點。對洛克來說，自由有三種不同形式，我們從這裡理解他的立場。

首先是政治自由，也就是公民的自由。公民只在同意的狀況下接受政府治理，並透過選舉權對政府發聲。（這就是亞里斯多德提到由平等而自由的人所組成的憲制政府時，最初預設的自由。在憲制政府之下，每位公民都對政府享有一部分的主權及發聲的權利。）

第二種是法律的自由。根據洛克的說法，當個人遵守由政府制定的法律，而且在立法過程中可以透過選舉權發聲，這個人就是自由的。（我們發現此處「法律的自由」和布徹所想到的概念非常不一樣。根據布徹的觀點，當國民臣屬於一位絕對統治者，遵從統治者的法律即為自由人；但洛克不這麼認為。只有同意受統治且擁有選舉權的公民，才在遵守法律時仍是自由的。）

第三種是當法律未敘明意見時隨心所欲的自由；或如洛克所言：「所有法律未明定

之事」。

將各種自由的差異擺在眼前之後，我們藉由討論拼湊出幾天來一直懸而未決的問題。其中一位參與者問道，當一個人必須遵守違反自己意願的法律時，怎能說這是自由呢？那條法律對他所屬的少數族群會產生不利影響，因此他反對那條法律，但多數人卻贊成法條通過。如此一來，這個人怎麼算是自由的呢？而另一位參與者觀察到，如果他不是自由的，那麼在憲制政府下，多數人制定的規則就剝奪了少數人的自由，事實上，這種痛苦與一個人在絕對統治下因自由受剝奪的程度是相同的。

這其中的差異越來越清楚了。受到絕對統治的國民並未同意政府統治，而且沒有選舉權。但是，共和體制中的公民同意接受憲制或政府的架構及多數決原則；預先同意在憲制下受到多數人支持的法律具有正當性。那麼，法律就由他自己所創造，儘管他可能投下反對票或希望某項法條無法成立。因此，因一項法條而受到負面影響的少數人，就和制定這項法條的多數人一樣，在法律下是自由的。

當然，這不代表多數人的決定就一定明智，也不代表少數人不會因多數人不當的治理而受到壓迫。但我們也發現，對付多數暴政的唯一解藥就是針對立法進行司法審查。至於對抗專制暴政，唯一的解藥則是叛變。

現在到了要為我們的對話作出結論的時刻，我不禁想分享多年前在阿斯本專題研討中產生的洞察。我們的世紀見證了革命性的改變，就像歷史中的分水嶺。過往數個世紀中總是由少數剝削多數，造成社會、政治或經濟的不公不義——少數人形成暴政，多數人受到壓迫。到了本世紀，在所有憲制民主的社會中，情況首次翻轉，現在的社會不公義來自多數人的暴政，並壓迫少數群體。

由此可以預見，未來的前景是多數與少數之間的利益衝突將減緩，變成前所未有、真正的無階級社會，在這個社會中，階級衝突將完全消弭。另外，這也表示只有少數人才會產生反叛的動機，因此，反抗暴政的成功機率將更低。

第二週的星期三（第九場）

我們在這個場次重新回顧已經讀過的三本作品：亞里斯多德的《政治學》、盧梭的《社會契約論》和洛克的《政府二論》。但現在我們選讀的不再是關於國家和政府，或是自由與平等，而是關於目前為止還完全未探索的概念：財產，以及伴隨財產而來的關於所有權、生產與財富分配，以及——再次來到——經濟正義與經濟平等的問題。

我們討論的基礎為洛克《政府二論》的第五章，內容關於財產。我們發現盧梭在《社會契約論》第一冊第九章中，肯定了洛克的分析中的基本論點。從亞里斯多德《政治學》第一冊最後幾章對於追求財富的看法，我們還能獲得更多洞見。

洛克的基本論點為何？首先，每個人對自身享有與生俱來的所有權，擁有自己的身心及力量，因此擁有某人作為奴隸，違反了這種天賦人權。其次，相對於前述的先天財產，大地與自然資源則本來就由所有人共享。接著來到第三點，洛克偉大的「勞動產權理論」。

如果個體將自己身體或心智的勞動力與共有資源結合，就有權擁有結合後的產物；換句話說，只要對共有資源行使勞動力來生產，就有權利享有生產成果，這些產品就是以正當手段獲得的財產。

參與討論的成員馬上注意到洛克在獲取財產方面設下了兩個限制。其一是生產者不該佔有超過自己可消耗或所需的東西——他不該獲取浪費的或未經利用的過剩產物。另一個限制是，他不能過度消耗共享資源，讓其他人沒有足夠資源以勞動換取生存所需。

目前為止一切合理，這些論點似乎無可辯駁。但當我們進一步、也更仔細探索文本，就會面臨兩個難以解決的難題，需要在往後的幾天延伸討論。

在我們掌握了以下段落之後，便曉得第一個難題是什麼：

他在橡樹下撿拾橡實，在樹林中採集蘋果，受此滋養，而他肯定能佔有這些……道理很簡單，如果採集工作還不能讓他合理佔有這些資源，那再沒有其他可行的方法了。這些成果與共享資源之間的差異在於勞動。勞動在自然資源的基礎上加了些別的東西（比起萬物共同的母親──「自然」所完成的工程再更多一些），使他對自然資源擁有個人權利……因此，我的馬兒所吃的草、我的傭人除過的草地和我在任何一處挖掘的礦產，從我和其他人共享擁有的權利變成了我自己的財產，毋須經由任何人分配或同意。我的勞動力將它們從原本由眾人共享的狀態中移除，轉為我的固定財產。

經由我的勞動力挖掘的礦產就屬於我。至於我的馬兒吃過的草或我的傭人除過的草地呢？讀到這裡，我們很快明白，資本與勞動首次作為財富生產過程中的相關因素登場了。我僱用了傭人，他是個領薪水的勞工。我可能捕捉並馴養了我的馬，牠是我以正當手段獲取的資本。現在，假定我自己不工作，而將工作分給我的馬（我的資本）和傭人（我付他薪水），那麼我還能合理宣稱他們的產出屬於我嗎？此時，我們知道這個問題有多麼重要，最好等到週四閱讀關於勞動的文章及週五閱讀《共產黨宣言》（*Communist Manifesto*）再討論，會有較佳的基礎。

第二個難題出現的時刻，是當我們發現洛克指出，他對獲取財富設下了合理限制，不過，這個限制排除了金錢（永存不朽的金屬片）的發明。既然錢幣無法像食物、遮蔽物和衣服那樣滿足自然需求，就不受他定的禁令限制——每個人應節制自己，不要獲得超出所需的東西。再者，既然錢幣不像消耗性商品那樣會毀壞，也就沒有糟蹋或浪費資源的問題。

對於這些難題，洛克沒有解答。當財富以金錢或錢幣的形式累積，他顯然不知該如何加以限制。然而，針對這一點（針對同個問題，關於有限或無限地獲取財富，亞里斯多德有話要說。我們發現亞里斯多德區分了自然財富與人造財富），自然財富作為消耗性商品，人造財富則以金錢的形式出現，只作為交換的媒介。

亞里斯多德這位倫理學家根據上述分類不斷提醒我們，我們的目標不只是活著，還要活得好，因此，我們不該無限累積財富，而是要累積過好生活所需的財富。此時開啟了關於道德與幸福、個人欲望及自然需求的問題。我們知道這些問題很重要，但沒辦法花時間詳盡討論。不過，在後續幾場專題研討中，藉由讀本討論到更加著重於經濟的問題時，這些問題仍縈繞在我們心中。

第二週的星期四（第十場）

- 《製造業報告》（*Report on Manufacturers*），亞歷山大・漢彌爾頓（Alexander Hamilton）著，一七九〇年。
- 〈波士頓木匠罷工〉（"Boston Carpenter's Strike"），一八二五年。
- 〈費城技工工會序言〉（"Preamble of the Mechanics Union of Philadelphia"），一八二七年。

這場討論聚焦於一份了不起的文件——〈費城技工工會序言〉，由美國工人在費城發行，比馬克思和恩格斯的《共產黨宣言》的出版早了近二十年。在報告我們從閱讀和討論中學到什麼之前，我必須先點出幾項從其他指定讀物中看到的東西。

相對於非工業的農業經濟體制，漢彌爾頓更支持發展工業或製造業的經濟體制，以提高生產力，這個觀點引發我們思考，影響經濟體制生產力高低的是哪些因素？

想像現在有兩個經濟體，都只靠勞工和手動工具來生產，那麼，擁有比較多雙手和手動工具的那個經濟體，生產力就比較高。現在，想像兩個擁有同等人力的經濟體，而其中一個經濟體多了生產機器，機器的動力不是來自人類或動物。漢彌爾頓認為，擁有機器的一方生產力顯然較高，因為機器的生產力相當於勞力或雙手的數量。

此時，我們發現加入「勞動性」和「資本性」這些詞彙會有幫助，可以用來描述財富製造的方式，但完全不必管製造工具屬於誰。在勞動性的生產模式中，主要是由人類勞力加上手動工具或家畜來生產財富。在資本性的生產模式中，則以人類勞力結合機器和其他製造工具來生產財富。

區分以上兩者後，我們看到漢彌爾頓說，在資本性經濟體中，能用較少的勞力生產較多的財富；而當資本工具的生產力越高，只需要越少的人力就可以創造出同樣的財富。

在記載一八二五年波士頓木匠罷工事件的這份文件中，呈現了三方說法：雇工（木匠，也就是領薪水的勞工）、木匠工頭（也就是今天所說的管理者），以及從事營建的業主（顯然是資本家或擁有生產工具的人）。在這場非常早期的罷工活動中，勞工的要求是提高薪資及縮短工時。要求縮短工時不只是要得到更多的空閒時間，也是為了讓當時失業的人增加就業機會。管理者及資本家對這些要求的回應是，提高薪資是不可能的。縮短工時則對勞工不利，因為會使他們變得懶散又容易養成惡習。這些管理者和資本家從沒想過，他們自己就享有許多空閒時間，如果勞工受過教育，也懂得善用閒暇，便不會因懶惰和惡習而墮落。

幾年後，當費城技工提出類似的要求——爭取更高的薪資和更短的工時——他們特別指出，擁有更多的空閒時間是為了投入休閒活動，這對良好生活品質非常重要。但這不是最讓我們吃驚和不安的。順帶一提，這篇文章高度修辭的調性與《獨立宣言》有幾分相近。這篇序言有非常豐富精巧的內容，值得閱讀和研究，而且我們探究這份文本時，發現有些論點預言了二十年後《共產黨宣言》的內容。

在那些論點中，最明顯的一點是除非少數資本家提高多數勞工的消費力，否則工業經濟中增長的生產力將造成過度生產與消費不足，引發經濟危機——對於資本家和勞工皆然。撇開正義的問題不談，費城技工指出，資本家提高薪資，是考量自身利益後所採取的權宜之計，因為提高勞工的消費力，將使勞工能購買更多資本家出售的商品，包括必需品和奢侈品。

不久，這個論點預測了亨利・福特（Henry Ford）提高底特律工人薪資的理由；而且某種程度上來說，也預示了馬克思的預言：如果資本家繼續支付僅供餬口的薪資，布爾喬亞資本主義將撒下自我毀滅的種子，因為景氣繁榮和經濟蕭條將反覆循環，最終導致過度生產和消費不足，造成嚴重的經濟蕭條或系統崩盤。

接著，我們透過閱讀文本，找出論述中的兩項矛盾，為之後針對《共產黨宣言》進行的討論做好準備。

第一個矛盾點：一方面，技工宣稱勞工是財富的唯一來源、生產中唯一運作的元素，而資本家什麼貢獻都沒有。另一方面，他們並沒有要求取得所有生產的財富，只要求自己應得的那份。如果資本家果真毫無生產力，而勞工才是生產的唯一要素，那麼資本家不該享有任何利潤，所有利潤都應該分給勞工。

第二個矛盾點：儘管我們看到這些技工聲稱勞工是財富的唯一來源、生產的唯一元素，卻發現他們不斷承認，現代科學與科技造就了強大的機器，使得生產力提升，而他們就生活在這樣的社會中。事實上，他們指出，強大的機器使社會對勞工的需求不斷縮減。這肯定與他們所說「生產唯一的力量、生產過程中唯一運作的元素就是勞工」不一致。

我稍早前說過，這兩個矛盾點幫助我們準備好進入對馬克思的討論，因為這兩項矛盾直接承載了與「勞動價值論」及「資本家在財富生產過程中的角色」相關的核心議題。但在我們繼續探討之前，先快速回顧一下我們從討論洛克的勞動產權理論中學到的東西，如何發揮在這些矛盾點上。

讓我們再次想像，有個人用自己的勞力圍起一塊地，再抓了一匹野馬，馴養並訓練牠。另一人來到這塊土地，自願簽下合約為他工作以換取報酬。這個人以正當手段取得土地和馬匹，付錢給另一個人，讓對方和馬在這塊土地上為他工作，他自己則不再工作。那麼，他對生產有沒有貢獻？

勞動價值論主張勞力是生產財富中的唯一元素，不工作的資本家（他擁有馬匹和土地，也就是雇主——或剝削勞工的人）沒有生產力，無論如何都不該獲得利潤。但若如前所述，與勞動價值論相對的勞動產權理論為真，生產中就有兩個不同的元素：勞力與資本，那麼資本的所有者雖然不投入工作，但他將資本投入生產，就是對生產的貢獻；因此，他應依照投資對生產貢獻的程度，依比例享有一部分生產的財富。

第二週的星期五（第十一場）

- 《共產黨宣言》，馬克思與恩格斯著，一八四八年。
- 《普及、免費、公立教育之重要性》（*The Importance of Universal, Free, Public Education*），霍瑞斯．曼（Horace Mann）著，一八五四年。
- 《社會主義運動》（*The Socialist Movement*），查爾斯．H．維爾（Charles H. Vail）著，一九〇三年。

我們發現馬克思與恩格斯在陳述勞動價值論時，比費城技工更為嚴格，而且他們以勞動價值論為前提，直接導向唯一的結論，毫無矛盾之處。所有財富都是由勞力製造的，勞工使用的資本工具只不過是凝固的勞力（congealed labor）；資本工具的所有者本身不工作，全無生產力又毫無貢獻，不該享有任何生產而來的財富。若他拿走運用資本得來的利潤，就是不勞而獲，代表他對勞力的剝削不過是一種偷竊的行為。

仔細閱讀幾頁之後，我們發覺這就是核心論點。然後不難發現：如果所有以勞力製造的財富都只能由勞工享有，就必須廢除資本私有制，將資本的所有權轉移給社群，也就是名喚「國家」的集體組織。於是，只有國家能分配生產出來的財富，就像那句口號說的，「各盡所能，各取所需」。

但在他們的論述中，還有一個環節不夠清楚。我們不斷問，資本工具是凝固的勞力，因此不該為私人所有，這是什麼意思？美國早期社會學家查爾斯·維爾所寫的短文，可以幫我們釐清這點。

維爾指出，手動工具由個別工人私自製造，並私下獨自使用，這種工具歸於私有頗為合理，生產成果也能私自取用。但是，現代工業資本由社會製造、由社會操作。之所以說社會製造，是因為工業資本源於科學和科技，而那是數世紀以來人類社會創造的產物。又由於科學與科技需要透過有組織的勞動力才能運行，從這層意義上來說，是社會在操作工業資本。因此，維爾認為，既然工業資本由社會製造與操作，就該屬於社會（即集體人民或國家），而且工業資本所生產的財富應該由國家分配給社會。

說到這裡，反對聲浪開始湧現，我只提一下其中最有力的意見：資本是由社會生產的嗎？創造出工業資本的科學和科技，是屬於公共領域的知識嗎？或者科學和科技就像洛克所說的**共享資源**，開放給任何具有野心和創意的人，以具生產力的方式來運用？若是如此，那麼反對資本私有的論點就不成立。

如果資本家的企業以正當手段取得資本，並且，資本家支付了勞工所需的薪水、報答勞工所付出的勞力，那麼財富生產的過程似乎不單只有勞力一個元素，還包括一個頗為不同的生產要素——資本工具，包括自然資源或工業機械。那麼，雖然私有資本者並未工作，看來也是個生產者，有資格享有一部分由生產得來的財富。

這些問題和反對意見浮現後，討論回到了《共產黨宣言》，我們注意到其中的不一致，因而開啟了新思路。

一方面，馬克思斷言生產手段的私有造成了勞力剝削和無產階級的苦難，既然原因是私有的生產手段，解決方法就很清楚了：廢除資本的私有制。他著名的論述如下：

> 共產主義獨有的特徵並非全面廢除財產，而是廢除布爾喬亞的財產。現代生產及佔有產品的系統奠基於階級對立、由少數人剝削多數人，最終而最能展現這個體系之特性的，就是現代布爾喬亞的私有財產。
>
> 因此，共產主義理論可以總結為一句話：廢除私有財產。

但我們看到另一段論述，我們在專題研討中朗讀這段話：

你被嚇壞了，因為我們試圖除掉私有財產。但在你所處的社會中，九成人的私有財產已被去除；少數人的私有財產存在，只因這些財產不在那九成人手上。因此，你譴責我們意圖除掉一種財產形式，而那種財產存在的必要條件是，社會上的絕大多數人不能擁有任何財產。

簡言之，你譴責我們意圖除掉你的財產。完全正確，我們就是打算這麼做。

你知道這段話意味著什麼？不到十分之一的人擁有生產手段。對於九成以上的人而言，由於少數資本家取得大量累積的成果，私有的生產手段早已不存在。稍微思考一下就知道這意味著什麼，意思是，經濟不正義或不平等的原因並非資本的私有，而是私有的資本集中在少數人手中。若是如此，解決方法就不是廢除私有制本身，而是藉由分散資本所有權，改變這種情況。

馬克思主義者的解決方法恰好相反：由國家掌管所有生產手段，甚至比放在少數布爾喬亞資本主義者手中的還更集中。此時，我們不禁想起托克維爾預測過，若所有經濟和政治權力都集中在中央政府及官僚手中，將導致什麼結果，也就是會形成極權政體，工人或許能變得平等，但沒有人是自由的。

如果理想狀態是無階級社會，或至少是階級衝突不嚴重的社會，其中的成員不只平等，還很自由，那麼，雖然似乎有點令人吃驚，但提出可以達到這種理想狀態的方案的人並不是馬克思，而是美國教育家霍瑞斯．曼。證據就在這場研討指定讀物中某篇短文的一句話：

> 處於不同階級的資本和勞力在本質上互相對立；處在同個階級的資本和勞力則彼此友愛。

這段話提議，在一種共和體制下，公民的收入中有一部分來自資本的利潤、一部分來自靠勞力賺取的薪資。在這個同時保有私有財產和自由企業的經濟體中，每個人都是公民，也都是資本家。

到了現在這階段，我們已經可以區分出四種資本主義的形式，然後詢問：哪種形式最能支持民主政治和個人自由？這四種形式的名稱及簡述如下：

1. **布爾喬亞或十九世紀資本主義**：資本的所有權掌握在極少數人手中，多數人只能享有少部分、或完全沒有經濟福利。現在只有沙烏地阿拉伯或玻利維亞等落後國家屬於此種。

2. **國家資本主義，或稱共產主義**：國家擁有所有生產手段並負責分配財富，讓所有人在一定程度上共享經濟福利。

3. **社會資本主義，或稱混合經濟**：私人和公共部門同時存在，由某種程度的私有制和自由企業，加上計畫性的政府措施所組成，以確保福利分配，就如我們所知的美國、英國、斯堪地那維亞國家等。

4. **擴散性或普遍性的資本主義**：人們藉由擁有資本共享整體經濟福利，而非透過中央政府的控制與運作來維護福利措施。霍瑞斯．曼在其表述中隱含的提議屬於此種，但這種經濟體制目前還不存在。

還有一些留待思考的問題：如果可以選擇，你偏好以哪一種資本主義作為民主政治的經濟基礎？你認為哪一種可以同時建立政治和經濟平等，但不必犧牲政治或個人自由？

我們在過去幾天經由討論所學到的一切，對於此刻如何做出選擇具有重大的影響力。還有最後一天及最後一份讀本可以幫助我們做出決定——每個人都能用自己的方式做出自己的決定，但必須提出背後的理由。

第二週的星期六（第十二場）

● 《民主的挑戰》（*The Challenge of Democracy*），約翰．史崔奇（John Strachey）著。

我希望有時間指出最後這份文本如何幫助我們整合先前的討論（**不表示**我們已經解決所有問題，並對結論達成共識）。不過，我必須先簡述下列要點。

約翰．史崔奇曾是英國共產黨的領袖人物及知名的馬克思主義代表者，在這篇他過世後才出版的文章中，他的立場轉變，認為民主政治和混合經濟比共產主義更接近共產主義描繪的理想——一個相對而言沒有階級的社會，所有人都自由而平等，所有人都能享有高度的經濟福利。

史崔奇的論點十分具有說服力，但無法阻止我們在最後一天的討論中重新思考這類問題。例如，混合經濟固有的問題、螺旋性通貨膨脹能否解決？混合經濟希望達到全面就業的目標，這個目標正確嗎？以及，混合經濟的本質是否並不穩定，導致必須犧牲私人機構、擴大公共部門，或朝反方向發展，越來越遠離中央政府的集中力量，才得以解決系統本身的問題？

我們觀察到，儘管史崔奇表面上擁護代議制民主中的社會資本主義，勝過極權的國家資本主義（或共產主義），但他在內心深處仍是個馬克思主義者。我們特別注意他的這段話：

> 先進民主社會中的人，會以合適的方式分配國家總收入。經驗顯示，這有許多方式可以辦到。最明確的方法就是調整稅制結構，使生產的主要收益不要都流向老闆，而是直接或間接地由多數人民共享。

我們不禁留意到這和《共產黨宣言》著名的結尾是多麼明顯地相呼應。

工人階級革命的第一步，是提高無產階級的地位至統治階級——建立民主。

這就是平等派在一六四七年要求將參政權擴展至無產階級時所呼籲的。但我們接著看到馬克思繼續說：

無產階級將利用政治上的至高地位，逐漸從布爾喬亞手中奪取所有資本，將所有生產工具集中於國家手中……，並儘速提高總生產力。

當然，除非藉由專制手段侵害財產權及布爾喬亞生產的條件，否則上述目標無法在一開始就實現；因此，這種措施在經濟上顯得不足又難以成功，但在以新措施取代舊措施的過程中，它能促使舊社會秩序受到破壞，並成為生產模式徹底革新之必要手段。

馬克思接著列舉這些措施，例如「高額的累進所得稅」、「廢除所有的繼承權」、生產手段國有……這正是一六四七年克倫威爾和艾爾頓害怕當投票權擴及無財產的窮人時會發生的事。

我們繞了一大圈後，遇上一個反向轉折：在經歷克倫威爾軍隊的辯論後三百年，現在的多數人處境變好而且獲得了政治力量，反倒是少數人不再處於高位，而是身在社會底層。

阿斯本的讀本也許有助於了解這些問題，但無法提供解答。

【附錄三】

給年輕人的專題研討——基礎教育的必要成分

原文刊登於一九八二年一月份的《美國教育委員會期刊》，此文為部分節錄。

1

若要開設一堂給年輕人的專題研討，內容包含偉大的著作和偉大的概念，目的為知識性訓練及哲學性思考，那麼，這樣的專題研討有哪些重要成分？首先，我會列舉出必要的外在條件，接著簡短描述專題研討的老師（或更合適的名稱——「主持人」）必須要做的事。

一、專題研討的參與者不該超過二十或二十五位學生，年齡以十二至十八歲不限，閱讀水準皆高於六年級程度。

二、專題研討的時間必須在兩小時以上，一般五十分鐘的上課時間無法進行專題研討。

三、參與者圍著空心圓桌坐定，桌面要大到足以容納所有人，讓每個人都能舒適地坐著，看得到彼此，也看得到主持人，既可輪流發言，也可以和對面的人談話。專題研討的場地不能設立在普通教室（老師站在教室前方，學生們成排坐在老師面前）。

四、所謂的老師或教師若自視為一般意義上的「老師」或「教師」，將遭遇慘敗。這種專題研討要成功，必須要以平等的討論方式進行，帶領者或主持人不過是比參與者年紀稍長、較擅於閱讀、多讀過一點書、心智受過較多訓練，如此而已。

絕對不要太過突顯這幾方面的差距，否則專題研討會從本來該有的平等討論狀態退化為講述課程，由老師告訴學生自己知道或理解的事，表現得好像學生在那裡就是為了吸收老師的觀點，學生不可能質疑老師的看法。

討論帶領者或主持人必須仿效蘇格拉底的方式——特別是運用經過設想的反問——

雖然蘇格拉底懂得稍微多一些，他會率先提問，但他提問時總假裝自己不知道正確答案是什麼。

五、最後，這類專題研討需要運用符合以下條件的閱讀素材：

1.專題研討的讀本不該像教科書，應該超越學生的程度，讓他們需要經過努力才能理解內容。

2.讀本的篇幅應簡短，通常不超過三十頁。就算是較為特殊的情況，也絕少超過五十頁，如此學生才能仔細閱讀數遍，預先作記號和加上註解。

3.雖然讀本篇幅不長，但內容必須豐富，討論的主題和延伸出來的議題才足以支撐兩個小時的長度。

4.因此，應該要選擇哲學性文本，而非只提供事實或訊息的文章，也就是說，文本中探討的概念會引發某些問題，這些問題無法透過實徵或實驗研究、歷史回顧或查詢百科全書中的事實或資訊就解決。換句話說，閱讀與討論要著眼於促進討論，而非增加知識。

如果無法完全符合以上五個條件，舉行專題研討是無意義的。如果學校的行政系統缺乏彈性，不能打破僵化的規則，上課一定得待在普通教室，每堂課的時間是五十分鐘，那麼這所學校就沒有開設專題研討的空間。

如果找不到合適的講師，因為沒有人願意放棄一般意義上的教師身分（以述說而非提問來教學），或沒有人願意仿效蘇格拉底，那麼也不該嘗試這種專題研討。

我非常擔心有很多學校無法或不願滿足上述條件。但事實上，我國沒有任何一所學校不具備這些條件，或者，所有學校至少都可以滿足部分條件。任何學校體制中都有學生可以從參與專題研討而獲益，而且所需的閱讀素材往往也唾手可得。

2

現在開始進入本文核心。滿足了前述的外在條件後，還需要說明專題研討主持人的角色。主持人應該做些什麼，或該怎麼做呢？

一、第一也最重要的一點，主持人在準備時，必須盡可能仔細閱讀指定文本。用鉛筆在所有重點劃線，並記住重要字詞的精確意義；標記核心的句子或段落，也就是作者簡潔表達基礎論點、為此展開論述或提出相關問題的部分；另外，在空白處作筆記，寫下文本中的某個部分和其他部分有何關聯。

二、下一步是寫下隨筆，內容包含所有主持人想得到能作為討論素材的重點、問題與議題。

三、接著，仔細檢視自己的隨筆，想出幾個問題，用最小心的方式措詞並寫下來，這些問題就是兩小時中所討論的骨幹。有時只要一個問題就足以討論整整兩小時，有時候需要三到四個問題，極少數的狀況才會需要超過五個問題。如果討論的問題超過一個，就需要將問題排序，如此一來，提出第一個問題開啟話題後，就能以第二個問題進一步展開探索；第二個問題提出以後，討論的內容又能藉第三個問題深入，以此類推。此外，這些問題必須是團體中的每個成員都能回答的，如果有一個問題特別適合邀請圍繞著桌邊的所有人依序回答，就是最好的開場問題。

四、主持人絕不能因為成員提供了一個回答就滿意。他必須不停地問「為什麼？」若某位參與者沒有提供支持答案的理由，主持人不能允許他就此打住。

五、主持人不該允許任何學生（甚至看來正在思考且試圖回答問題的學生）以隨便的發言蒙混過關，讓他們預期只要朝著問題丟出一些字詞，總有某些能夠正中目標。

主持人應該堅持要求學生回答問題時要修飾語句以精準表達，每個細節都要文法正確，以清晰的句子、甚至架構良好的段落來陳述。

最重要的是，主持人不能允許學生以模糊或隨意的方式使用任何重要的字詞。沒有人能立法規定別人怎麼使用文字，但假如兩個學生使用同一個詞語，指的是不同的意思，或一個學生提起作者或主持人用的詞語，指的卻是不同意思，那麼就該在進一步討論之前辨明其中的差異。

六、主持人應該堅持學生的回答要與問題相關。我的意思是，學生回答問題時，不要只是脫口而出剛好想到的事。對學生提問並不是搖鈴提醒學生輪到他說話了，然後邀請他講任何他想說的話，卻不管他有沒有針對問題回答。

七、如果學生回答的方式顯示他沒有完全理解問題，主持人必須盡可能以各種方式重複問題，以確保所有人的理解是一樣的。若沒有做到這件事，繼續下去毫無意義。主持人可能必須運用更多具體的例子，好幫助學生釐清問題的意思。變換不同方法問問題，同時佐以多元的說明方式，需要主持人投入不少心力。主持專題研討絕非簡單的事，也沒辦法被動地完成，不能表現得像會議主席，以為只要邀請參與者說出他們想到的任何事就好。

八、隨著討論的進行，學生們會開始針對同一個問題發表衝突的答案，主持人必須讓每個人意識到他們在討論的是什麼議題。如果主持人未能清楚梳理議題，參與者也沒有完全了解討論的重點，辯論就難以延續。主持人應該善用黑板輔助辯論和整理內容，畫出示意圖來組織討論議題並呈現不同的立場，那麼學生就能辨認出自己採取的是哪個立場，又在捍衛哪些觀點。反覆主持過幾場讀本相同的專題研討之後，主持人就會知道如何架構示意圖，可以在討論開始前就先畫在黑板上。由於示意圖使用了一些象徵符號，學生剛看到時會以為那不過是些難懂的符號，但只要討論進行到一定階段，他們就可以輕易明白圖表的涵義。

九、專題研討的企圖不應該是達成所有人同意的結論。相反地，討論結束之後，學生會理解有哪些問題還沒解答或無法解決。重要的不是其中某個答案（無論那個答案多麼正確或多麼有深度），而是他們理解了問題是什麼，也透過這些問題激發思考，產生許多答案。

十、若是舉辦一系列的專題研討，應該將大家經過前次討論而理解的內容，運用在後續的討論或延伸的議題上。基於這個目的，需要將閱讀素材妥善排序，決定每次要讀哪些素材，這麼做的重要性不下於在一開始挑選合適的讀物。

十一、主持人絕不可用居高臨下的語氣對學生說話，或以多數老師對待排排坐上課學生的態度來對待參與專題研討的學生。主持人必須盡最大努力去了解其他人在想什麼，儘管學生年輕許多，但他們正努力理解的事對任何人來說同樣困難——包括對主持人而言都不簡單。

十二、面對圍著圓桌而坐的每個人，主持人都要有耐性和有禮貌，就像對待自己邀來共進晚餐的賓客般。主持人應樹立知識份子的典範，並引導參與者仿效。最重要的是，整個討論過程中都記得面帶微笑，並儘可能製造笑聲。沒有什麼比機智和歡笑更有助於提升學習效果了。

3

以下為一份依年份粗略排序的閱讀清單，可依專題研討的場次，從中任選並排列組合。

柏拉圖：

- 《申辯篇》（*The Apology*）
- 《理想國》第一冊及第二冊

亞里斯多德：

- 《倫理學》（*Ethics*）第一冊
- 《政治學》第一冊，搭配盧梭著的《社會契約論》第一冊
- 馬可・奧理略（Marcus Aurelius）著的《沉思錄》（*Meditations*），搭配愛比克泰德（Epictetus）的《手冊》（*Enchiridion*）
- 盧克萊修（Lucretius）著的《物性論》（*On the Nature of Things*）第一冊至第四冊

- 普魯塔克（Plutarch）著的《希臘羅馬名人傳》（*Lives*）中的亞歷山大與凱撒
- 奧古斯丁（Augustine）著的《懺悔錄》（*Confessions*）第一冊至第八冊
- 《蒙田隨筆集》（*Montaigne's Essays*）（從中選讀的皆為短篇選文）
- 馬基維利著的《君王論》（從中選讀短篇章節）
- 洛克著的《政府二論》第一章至第五章
- 獨立宣言、美國憲法序言、林肯著的「蓋茲堡演說」
- 漢彌爾頓、麥迪遜、傑合著的《聯邦論》第一章至第十章
- 彌爾著的《論代議政府》（*Essay on Representative Government*）（從中選讀部分篇章）
- 梅爾維爾著的《水手比利・巴德》（*Billy Budd*），搭配索福克理斯（Sophocles）的《安提戈涅》（*Antigone*）

國家圖書館出版品預行編目

如何說，如何聽 / 莫提默．艾德勒 (Mortimer J. Adler) 作
; 吳芠譯 . -- 初版 . -- 新北市 : 木馬文化出版 : 遠足文化
發行 , 2018.08
面； 公分
譯自 : How to speak, how to listen
ISBN 978-986-359-574-8(平裝)

1. 說話藝術 2. 演說 3. 口語傳播 4. 溝通技巧

192.32 107011310

如何說，如何聽

How to Speak, How to Listen

作　　者：莫提默．艾德勒（Mortimer J. Adler）
譯　　者：吳芠
執 行 長：陳蕙慧
主　　編：李嘉琪
封面設計：李東記
內頁排版：陳佩君
行銷企劃：闕志勳
社　　長：郭重興
發行人兼出版總監：曾大福

出　　版：木馬文化事業股份有限公司
發　　行：遠足文化事業股份有限公司
地　　址：231新北市新店區民權路108-2號9樓
電　　話：(02) 2218-1417
傳　　真：(02) 2218-1009
Email：service@bookrep.com.tw
郵撥帳號：19588272木馬文化事業股份有限公司
客服專線：0800221029
法律顧問：華洋國際專利商標事務所 蘇文生律師
印　　刷：呈靖彩藝有限公司
初　　版：2018年8月
定　　價：360元
ISBN：978-986-359-574-8
木馬臉書粉絲團：http://www.facebook.com/ecusbook
木馬部落格：http://blog.roodo.com/ecus2005